新能源汽车整车故障诊断教程

曹晶 编著

XINNENGYUAN QICHE
ZHENGCHE GUZHANG ZHENDUAN JIAOCHENG

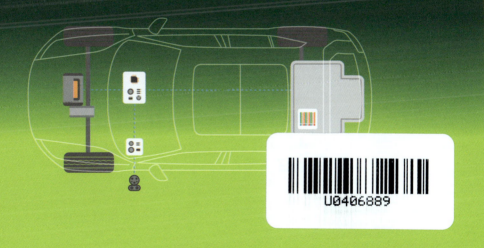

化学工业出版社
·北京·

内容简介

本书按照新能源汽车整车各大组成部件，分30个课时分别进行系统介绍，内容涵盖新能源汽车维修的基础知识、新能源汽车运行逻辑、纯电动汽车高压电网框架、锂离子电池基本知识、动力电池分类与特性、动力电池结构与故障诊断、电动汽车空调系统结构、热泵技术与热泵系统、高压控制器内部结构、高压绝缘故障诊断及案例、高压互锁原理与结构及故障案例、交流慢充和直流快充的电路原理及电路分析与故障诊断等。

全书为全彩色印刷，图片精美，语言文字简洁易懂，内容由浅入深、循序渐进，案例丰富真实，适合汽车维修技术人员阅读，新能源汽车维修初学者和入门人员案头常备用书，维修过程中可理论结合实践、效果事半功倍。本书也可作为新能源汽车维修培训机构和职业技术院校新能源汽车维修相关专业的参考教材。

图书在版编目（CIP）数据

新能源汽车整车故障诊断教程/曹晶编著. —北京：化学工业出版社，2023.9
ISBN 978-7-122-43811-9

Ⅰ.①新… Ⅱ.①曹… Ⅲ.①新能源-汽车-故障诊断-教材 Ⅳ.①U469.707

中国国家版本馆CIP数据核字（2023）第129738号

责任编辑：黄　滢　　　　　　　　装帧设计：王晓宇
责任校对：宋　玮

出版发行：化学工业出版社（北京市东城区青年湖南街13号　邮政编码100011）
印　　装：北京瑞禾彩色印刷有限公司
710mm×1000mm　1/16　印张15　字数325千字　2023年9月北京第1版第1次印刷

购书咨询：010-64518888　　　　　　售后服务：010-64518899
网　　址：http://www.cip.com.cn

凡购买本书，如有缺损质量问题，本社销售中心负责调换。

定　　价：88.00元　　　　　　　　　　　　　　版权所有　违者必究

前言

在社会经济快速发展的背景下，人们的物质生活和精神生活品质都得到了较大提升，私家车（尤其是传统燃油汽车）的保有量也在不断增加，由于汽车尾气最后要排放到大气中，因此对生态环境造成了污染和破坏。为了有效解决这一问题，世界各国都在大力开发新能源汽车技术。我国的新能源汽车产业也得到了国家的大力支持，近年来各类新能源汽车的数量与日俱增。

但是目前我国新能源汽车的发展仍处于初级阶段，在技术方面还存在一些不足，新能源汽车在使用过程中可能会出现这样那样的故障，影响行车安全，还会造成较大的经济损失。由于新能源汽车的结构与传统汽车相比有较大区别，一旦新能源汽车发生故障，难以使用传统的维修方法进行维修，与此相适应的是新能源汽车维修技师的短缺。

为了有效推动新能源汽车的快速发展，促进新能源汽车的普及，新能源汽车公司必须加大对新能源汽车常见故障的维修培训，推进维修技术的普及，提升维修技术水平。因此，无论是传统的汽车维修工人，还是新生代的汽车维修技师，都急需相关书籍进行指导。鉴于此，在化学工业出版社的组织下，特编写了本书。

本书通过分析新能源汽车常见故障，提出新能源汽车维修技术策略，以期对新能源汽车的技术发展提供一定的借鉴作用。全书综合考虑了目前中国维修行业技术水平现状和维修人员对于知识结构的接受能力，首先讲解了新能源汽车与燃油车之间的区别，然后详解分析新能源汽车的动力电池、高压控制器、充电器、电机控制器、DC/DC、电动压缩机等部件的工作原理及相互关系，包括一线维修工作中需要使用的上位机、CAN卡、LIN卡、绝缘表，当前主流纯电动、混合动力车系的各高压部件的电路分析、诊断等，内容系统全面，图文并茂。

与新能源汽车技术相关的学科领域众多，很多新技术、新标准尚在发展变化之中，由于笔者水平所限，书中疏漏和不足之处在所难免，恳请广大读者多提宝贵意见，大家互相交流，共同进步。

编著者

目录

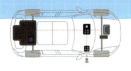

第一课时　新能源汽车基础知识　　001
- 一、新能源汽车的分类　　001
- 二、新能源汽车维修安全操作　　002

第二课时　新能源汽车运行逻辑　　006
- 一、上电和下电的概念　　007
- 二、新能源汽车慢充与快充的区别　　007
- 三、车载电网供电与燃油车的区别　　009
- 四、车载空调与燃油车的区别　　010
- 五、高压安全策略　　011

第三课时　纯电动汽车高压电网框架　　013
- 一、动力电池　　014
- 二、高压配电箱　　014
- 三、DC/DC 高压直流转低压直流　　014
- 四、电机控制器　　015
- 五、电动压缩机与正温度系数热敏电阻　　015
- 六、充电系统　　015
- 七、小结　　016

第四课时　锂离子电池基本知识　　017
- 一、动力电池的认识与相关基础知识　　017
- 二、动力电池性能指标　　018
- 三、动力电池充电制度　　020

第五课时　常见动力电池分类与特性　　022
- 一、锂离子电池的原理与特性　　022

- 二、锂离子电池的分类　　023
- 三、镍氢电池　　026

第六课时　动力电池包结构与动力电池管理　　027

- 一、常见品牌电池包结构　　027
- 二、高压系统维修断电流程　　034
- 三、动力电池管理系统　　034
- 四、动力电池包上下电流程　　034

第七课时　动力电池常见故障诊断　　036

- 一、电池压差故障　　036
- 二、电池温度采样故障　　038
- 三、预充电路故障　　039

第八课时　CAN 卡与上位机的使用　　046

- 一、CAN 总线基本知识　　046
- 二、上位机监测系统工作原理　　047
- 三、诊断硬件 CAN 卡的认知　　049
- 四、上位机及上位机软件分类　　051
- 五、CAN 报文截取 / 发送方法　　053
- 六、LIN 卡的使用　　056

第九课时　电动汽车空调系统结构　　058

- 一、新能源汽车制冷系统　　058
- 二、新能源汽车制热系统　　060
- 三、电池包热管理系统构成　　061

第十课时　热泵技术与热泵系统　　064

- 一、比亚迪热泵技术　　064
- 二、比亚迪热泵系统运行逻辑　　067

第十一课时　高压控制器内部结构　073
- 一、高压电分配走向与高压保险及接触器检测　073
- 二、比亚迪秦 EV300 高压控制器　076
- 三、奔腾 B50EV 高压控制器　076

第十二课时　高压绝缘故障诊断　079
- 一、数字兆欧表的使用　079
- 二、高压绝缘故障的排除　081

第十三课时　高压绝缘故障案例　086
- 一、2018 年款奇瑞小蚂蚁 EQ1 高压绝缘故障　086
- 二、绝缘故障维修总结　088

第十四课时　高压互锁原理与结构　089
- 一、高压互锁的作用　089
- 二、比亚迪唐高压互锁结构　091

第十五课时　高压互锁故障诊断案例　094
- 一、广汽传祺 GA3S 混合动力车型高压互锁故障诊断　094
- 二、2017 年款吉利帝豪 EV300 高压互锁案例分析　098

第十六课时　交流慢充电路原理　100
- 一、交流慢充电路部件　100
- 二、交流慢充连接电路　101

第十七课时　帝豪 EV450 交流慢充电路分析与故障诊断　104
- 一、帝豪 EV350/EV450/EV500 充电电路分析　104
- 二、帝豪 EV450 车型慢充故障诊断　110

第十八课时　小鹏 G3 交流充电电路与故障诊断　112

- 一、小鹏 G3 充电系统组成部件　112
- 二、小鹏 G3 充电原理图　112
- 三、充电故障诊断流程　115

第十九课时　比亚迪车型电路分析　120

- 一、比亚迪车型充电流程　122
- 二、VTOG 双向逆变充放电式电机控制器　124
- 三、比亚迪汉充配电系统　125

第二十课时　直流充电国标与电路分析　133

- 一、直流快充系统结构　133
- 二、直流充电连接流程　135

第二十一课时　直流快充故障诊断　138

- 一、直流快充口端子检测　139
- 二、比亚迪 e6 直流快充电路　141
- 三、比亚迪汉直流快充电路　141

第二十二课时　车载电源 DC/DC 电路　145

- 一、江铃 EV100 DC 电路　145
- 二、吉利帝豪 EV 车型 DC/DC 电路　147
- 三、比亚迪启动型低压铁电池　148

第二十三课时　驱动电机工作原理　152

- 一、电机的基本工作原理　152
- 二、交流异步电机　154
- 三、特斯拉感应电机　156

第二十四课时　同步永磁电机与电机控制器　158

- 一、永磁同步电机结构　158

- 二、永磁同步电机工作原理 　　　　　　　　　　　　　160

第二十五课时　电机驱动与电机控制器　　　　　　　163
- 一、电机控制器原理　　　　　　　　　　　　　　　　163
- 二、比亚迪唐前驱电机控制器与 DC 总成　　　　　　　166

第二十六课时　混合动力汽车原理与分类　　　　　　178
- 一、混合动力汽车的分类　　　　　　　　　　　　　　178
- 二、混合动力汽车运行原理　　　　　　　　　　　　　181

第二十七课时　奔驰 48V 轻混系统　　　　　　　　 186
- 一、微混 / 轻混车型结构认识　　　　　　　　　　　　186
- 二、奔驰 48V 轻混系统运行逻辑　　　　　　　　　　 190

第二十八课时　比亚迪 DM 混合动力技术　　　　　　195
- 一、比亚迪第一代混合动力技术　　　　　　　　　　　195
- 二、比亚迪第二代混合动力技术　　　　　　　　　　　198
- 三、比亚迪第三代混合动力技术　　　　　　　　　　　199

第二十九课时　比亚迪唐 DM 动力系统故障诊断　　 201
- 一、比亚迪唐 DM 变速箱结构原理与故障诊断　　　　 201
- 二、比亚迪唐 DM 自动变速器数据流分析　　　　　　 211

第三十课时　丰田双擎混动系统　　　　　　　　　　215
- 一、ECVT 结构与各种工况下动力传递路径　　　　　 215
- 二、丰田双擎高压系统　　　　　　　　　　　　　　　221

附录　比亚迪海豚空调电路　　　　　　　　　　　　227

第一课时
新能源汽车基础知识

重点知识

1. 新能源汽车的定义和分类。
2. 新能源汽车维修高压安全操作。

近年来我国高度重视电动汽车技术的发展,"十一五"期间,启动了"863计划"电动汽车重大科技专项,确立了"三纵三横"("三纵"为混合动力汽车、纯电动汽车、燃料电池汽车;"三横"为电池、电机、电控)的研发布局,取得了一大批混合动力汽车科技技术研发成果。"十一五"期间,组织实施了"863计划"节能与新能源汽车重大项目,聚焦动力系统技术平台和关键零部件研发。我国于2009年7月1日正式实施了《新能源汽车生产企业及产品准入管理规则》,此规则明确指出:新能源汽车是指采用非常规的车用燃料作为动力来源(或使用常规的车用燃料,但采用新型车载动力装置),综合车辆的动力控制和驱动方面的先进技术,形成技术原理先进、具有新技术和新结构的汽车。

一、新能源汽车的分类

1. 纯电动汽车

纯电动汽车是指以电动机为驱动系统、电池为储能单元的汽车。电池为车载电源的来源,一般采用高效率的锂离子电池作用动力电池。电机一般选用同步交流电机、异步交流电机、开关磁阻电机来驱动车辆行驶。纯电动汽车的驱动电机相当于燃油车的发动机，电池相当于原来的油箱，电能是二次能源，可来源于风能、水能、热能、太阳能、燃料电池等清洁能源。

2. 混合动力汽车

混合动力汽车是指车辆驱动系统是由两个或多个可以驱动车辆的动力源组合而成的驱动系统，一般的混合动力汽车是由内燃机与电机联合驱动车辆的车型。车辆的行驶功率依据实际的车辆行驶状态，由电机、内燃机共同提供或者独立提供。根据其混合动力系统连接形式可分为：串联式混合动力汽车（SHEV）、并联式混合动力汽车（PHEV）、混动式混合动力汽车（PSHEV）。如果按照电机在整车功率占比来分，可分为微混合动力汽车、轻混合动力汽车、中混合动力汽车、完全混合动力汽车。

3. 气体燃料电池汽车

气体燃料电池汽车是指使用可燃气体作为内燃机燃料来驱动的车型。汽车的气体燃料有很多种，常见的有压缩天然气（CNG）、液化天然气（LNG）和液化石油气（LPG）。由于气体燃料内燃机不在本课程讨论范围内，因此不做过多的介绍。

此外还有生物燃料汽车、氢燃料电池汽车等，也不在本课程中所涉及，有兴趣的读者可以查阅相关资料进行学习。

二、新能源汽车维修安全操作

由于新能源汽车存在高电压的危险，所以我们在维修时要十分注意。维修车辆上的高电压系统时一定要注意人身安全，如果未能遵循操作说明，可能会导致人身伤亡，所以我们要重视起来！

在这里大家可能会想，既然高电压这么危险，那么新能源汽车为什么还要用高电压呢？其实这与电功率有关，新能源汽车使用电机直接驱动车辆，那么电机的功率一定是非常大的。电机的功率是一定的，如果电压越低，电流就会越大，越大的电流就需要越粗的导线，因此高功率用电器不适合低电压，而需要高电压。而且导线本身也有电阻，低电压、大电流会使导线的发热量更大。

因此使用高电压有以下优点：相同功率下，电路电流小，能量损耗小，发热量小，减少线路直径，相对来说允许相对较高的接触电阻，降低接触要求。但是高电压也有一定的缺点：工作电压高于安全电压，需要严格的安全以及绝缘设计。系统相对来说较为复杂，具有触电风险。

为此我们需要学习如何做好高电压维修安全操作，见表1-1。

表 1-1 高电压维修安全操作

分级	车辆中的低电压电气系统	车辆中的高电压系统
电压范围	直流电压：小于60V	直流电压：大于60V
	交流电压：小于30V	交流电压：大于60V

续表

分级	车辆中的低电压电气系统	车辆中的高电压系统
应用范围	辅助电气系统	用于驱动车辆的电气系统
	灯光电气系统	驱动电机
	控制单元供电	动力电池
	影音娱乐系统	高压电控

在直流电压高于60V或者交流电压高于30V的电气系统中必须要加以保护措施，以防止意外触电事故。

因为人体本身也是导体，因此当电流流经人体的时候是非常危险的。导致触电的本质就是电流流经人体对人体造成的伤害。流经人体的电流大小与人体之间的反应见表1-2。

表 1-2 流经人体的电流大小与人体之间的反应

电流		人体反应
安全电流	1mA 或者以下	一般不会引起什么感觉
	1～8mA	有触电感、痛感，没有丧失肌肉控制能力，这时人体感觉麻木，触电者可以摆脱带电导体
危险电流值	8～15mA	疼痛性休克、丧失对肌肉的控制能力，所以触电者无法摆脱带电导体。一般电流超过10mA时人体开始肌肉萎缩，因为人体无法摆脱电源，电流作用时间越长症状越明显
	15～20mA	疼痛性休克、丧失对肌肉的临近控制，所以触电者无法摆脱电源
	50～100mA	会引发呼吸系统停顿和心室颤动，也就是这个电流区间可能会导致死亡，一般流经人体电流超过80mA时，被称为"死亡阈值"
	100～200mA	会引发心室颤动
	200mA 以上	严重烧伤，肌肉收缩严重，使得胸部肌肉夹紧心脏并在休克期间使心脏停止跳动

从表1-1和表1-2中可以看出：当直流电压高于60V、交流电压高于30V的时候对人体来说是存在危险的。

当流经人体的电流超过5mA的时候，人体便有了触电的感觉，但是可以摆脱触电的导体。

当流经人体的电流超过10mA的时候，就会导致触电者身体出现痉挛的"触电摆脱临界值"，超过这个电流后人体便无法自行摆脱电源，且电流作用于人体的时间就会延长。

当流经人体的电流为30～50mA的交流电且作用时间较长时，人就会出现呼吸停止和心室颤动症状。

当流经人体的电流达到80mA的时候则称为"死亡临界值"。

在日常生活中我们说的"被电了""被电打了"等。实际就是电学中的"电击"。电击除了以上伤害外,还会造成电弧烧伤(高温电弧温度一般为 3000～20000℃)。

因此在维修新能源汽车的时候一定要做好安全防护。

1. 警示信息

在维修新能源汽车的时候,见到如图 1-1 所示黄色标识,一定要严格遵循所有的警告和维修步骤,需要确定没有电压时方可开始维修作业。

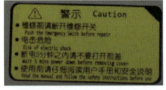

图 1-1　警示标签

除了警示标签以外,如图 1-2 所示,所有黄色线束和插接件都是高压部件,在维修的时候请勿随意对高压线束和插接件做破坏性测试和触摸内部导体,以防止触电事故。

图 1-2　高压电缆

2. 安全操作准备工作

在对新能源汽车进行维护时需要特别注意安全。在维修作业前需要做一些相关的安全操作准备工作,包括以下内容。

❶ 设立专业的新能源维修作业区域并设立安全警示标志,如图 1-3 所示。

❷ 使用耐酸、耐高压且符合技术标准的安全绝缘手套,如图 1-4 所示。

❸ 穿绝缘劳保鞋,在救援车辆与车辆进水时也需要穿,如图 1-5 所示。

❹ 使用绝缘工具、护目镜、安全帽、维修垫等高压防护工具,如图 1-6～图 1-8 所示。

❺ 在条件允许的情况下,新能源维修工位应配备保护接地,将车身与保护接地连接起来。

3. 高压断电流程

在检修新能源汽车的高压系统前,需要对整车高压系统做断电处理,下面学习如何对车辆进行安全断电。

图 1-3　新能源汽车维修工位

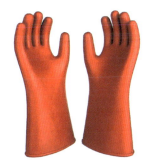
图 1-4　绝缘手套

图 1-5　绝缘劳保鞋

图 1-6　绝缘工具

图 1-7　护目镜

图 1-8　电工安全帽

❶ 安全停车：车辆放在新能源汽车维修工位，没有办法转移到新能源汽车维修工位的，建议铺设绝缘地胶，车辆切换到 P 挡并拉起手刹。

❷ 关闭点火开关。

❸ 断开蓄电池（12V 电压）负极 15min 以上。

❹ 如果车辆配备维修开关（MSD），需要拆卸 MSD。

❺ 戴上绝缘手套，使用万用表测量高压部件是否有电（验电）。

第二课时
新能源汽车运行逻辑

重点知识

1. 动力系统与燃油车对比。
2. 上电和下电的概念。
3. 车辆慢充与快充的区别。
4. 车载电网供电与燃油车的区别。
5. 车载空调与燃油车的区别。
6. 高压安全策略。

传统燃油车是由内燃机（图2-1）燃烧汽油或者柴油提供动力，而新能源汽车是依靠电动机（图2-2）为车辆提供动力，电动机的电能来自车载电池。一般新能源汽车的

图2-1　内燃机

图2-2　电动机

电池都是二次电池（可重复充放电），这是新能源汽车与燃油车一个本质的区别。由于动力系统的改变，所以控制系统以及其他辅助系统都有很大的改变，例如车辆的空调、转向助力、车载电网供电等。下面就具体地进行介绍。

一、上电和下电的概念

众所周知，燃油车在行驶之前必须先启动发动机，那么新能源汽车没有发动机，是不是打开电门后就可以直接挂挡行驶了呢？实际上不是的，新能源汽车的电能储存在动力电池内部，动力电池通过两个接触器来控制对车辆高压用电设备的供电，即车辆高压系统有两个状态：一个是接触器断开，整车高压系统是没有电的；一个是接触器闭合，车辆高压系统是带电的。我们把接触器断开称为车辆下电，接触器闭合称为车辆上电。一般在仪表盘上会通过指示灯显示车辆高压系统的状态，当车辆上高压电时，仪表盘会显示"READY"或者"OK"，用以提醒驾驶员车辆高压上电成功（图2-3），在这个状态下车辆可以挂挡行驶，也可以开启空调；同理，如果车辆没有上高压电，也就无法挂挡行驶或者开启空调。

图 2-3　仪表"READY"指示灯

当驾驶员按下一键启动按键或者旋动点火开关钥匙时，车辆就准备上电。上电是有相应条件的，一般需要满足以下条件才允许上电：

❶ 钥匙合法（防盗通过）；
❷ 动力电池状态正常；
❸ 整车高压绝缘正常；
❹ 整车高压互锁正常。

以上几个上电条件中如果有一个出现异常，那么车辆上电就会失败，需要进行检修。而上电失败也是新能源汽车维修过程中会经常遇到的故障，类似于燃油车的发动机不能启动故障。

如图 2-4 所示为比亚迪唐的上电流程。

二、新能源汽车慢充与快充的区别

新能源汽车的动力来源为车辆的动力电池，动力电池为二次电池，即可重复充电电池。动力电池一般都是三元锂电池或者磷酸铁锂电池，部分混合动力汽车使用的是镍氢电池。既然使用可充电电池，车辆就需要一套系统来为电池充电。一般新能源汽车会使用两套充电系统来为动力电池充电，一套为交流慢充系统，一套为直流快充系统。

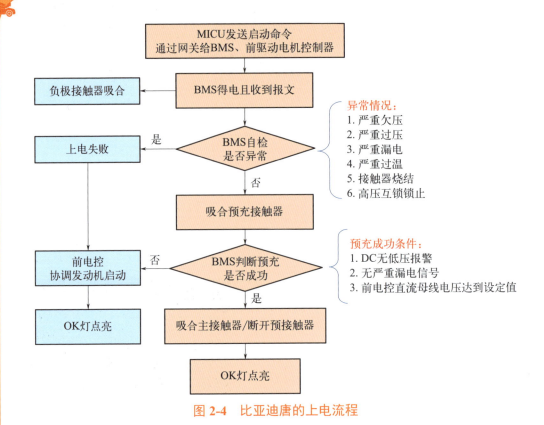

图 2-4 比亚迪唐的上电流程

如图 2-5～图 2-9 所示，交流慢充系统主要由：壁挂式充电桩、便携式充电枪、交流慢充线束、交流慢充口、车载充电机、动力电池构成。壁挂式充电桩与便携式充电枪都是将市电通过交流慢充口和交流慢充线束与车辆车载充电机连接，车载充电机通过内部电路将 220V 交流电转变为动力电池所需的直流高压电来为动力电池充电。因为 220V 市电一般最高支持 32A 电流，大部分是 16A 电流，而电池的容量一般为 20～50kW·h，所以使用 220V 市电给新能源汽车充电，在完全没电的情况下充满一般需要十几个小时，因此我们把这种充电模式称为交流慢充。

图 2-5　壁挂式充电桩

图 2-6　便携式充电枪

图 2-7　交流慢充线束

图 2-8　交流慢充口

车载充电机在某些车型中也会与其他控制器集成在一起，被称为多合一控制器。

直流快充系统由直流充电桩（图 2-10）、直流快充口、高压配电箱、动力电池构成。直流充电桩由第三方公司运营，一般安装在综合停车场。充电时我们需要将车辆行驶至充电桩边上，插上直流充电枪给车辆充电。

图 2-9　车载充电机

图 2-10　直流充电桩

正因为充电桩是安装在车外，而且采用 380V 供电，即使用大功率充电机将 380V 交流电转换成车辆需要的高压直流电，并通过直流充电枪与快充口给车辆动力电池充电，这样最大可支持 200A 的充电电流，因此直流充电桩可以快速地给车辆充电。

三、车载电网供电与燃油车的区别

车载电网指的是汽车的低压供电网络，在新能源汽车上只有驱动系统、空调系统使用的是高压电，其余车身电器以及控制系统依旧使用的是 12V 供电。在燃油车上是使用车载发电机给车辆提供 12V 电能、使用铅酸蓄电池来储存电能。而新能源汽车使用的是电机驱动车辆，也就没有了发动机，更不可能安装发电机来为车辆供电。新能源汽车的解决方案是使用一个称为 DC/DC 的模块（图 2-11）来把动力电池的高压直流电转换为 12V 低压直流电为整车供电，部分车辆依旧使用铅酸蓄电池来作为 12V 低压电网的储能，但是也有部分新能源汽车使用的是 12V 锂电池为 12V 电网储能。

DC/DC 在部分车型中是一个独立的模块，也有部分新能源汽车把 DC 与其他控制器做成一体的，称为多合一模块。

一般 DC/DC 出现故障后不能为车载低压电网供电，仪表盘上也同样会点亮蓄电池故障指示灯（图 2-12）来提醒驾驶员电压电网充电系统出现故障。

图 2-11　DC/DC

图 2-12　充电系统故障指示灯

四、车载空调与燃油车的区别

图 2-13　电动压缩机

车载空调系统分为制热系统与制冷系统，在燃油车上是完全分开的两个系统。制热主要使用的是内燃机的预热来为车内进行制热的，制冷使用的是冷媒的循环来实现。制冷系统的核心部件为压缩机、冷凝器、膨胀阀、蒸发箱，压缩机由发动机驱动，对冷媒进行压缩。而新能源汽车没有发动机，所以压缩机本身就需要一个动力源，因此新能源汽车的空调压缩机（图 2-13）是由控制电路板、电动机、压缩机构成的，与燃油车制冷系统区别很大。

新能源汽车上由于没有发动机存在，所以需要另行设计制热系统。一般第一阶段的新能源汽车使用的都是 PTC 制热（PTC 是一个正温度系数热敏电阻，通电后 PTC 发热并且阻值上升），如图 2-14 和图 2-15 所示。PTC 制热也有两种：一种是把 PTC 直接安装在原来燃油车的小水箱位置，PTC 发热后由鼓风机对着 PTC 吹风，那么出风口出来的就是热风；另一种是使用 PTC 来对系统的冷却水加热，再通过电子水泵把冷却水引入车内的热交换器（小水箱）来实现对车内加热。

图 2-14 电液 PTC 加热

图 2-15 PTC 加热器

新能源汽车除了室内需要加热和制冷外，动力电池也需要加热和制冷，因此在部分动力电池管理完善的车型中也会使用冷媒来对冷却液进行降温。使用降温后的冷却液对动力电池进行散热，在动力电池需要升温的时候会使用 PTC 对冷却液加热，进而对动力电池进行加热，这样整个车辆的制冷和制热就更为复杂。

目前新能源汽车已经出现了最新的热管理系统，制冷系统的冷凝器与蒸发箱通过一个四通阀来实现功能相互转换。这样就可以改变原来室内蒸发箱的作用，即变为由冷凝器实现制冷和制热，这种称为热泵制热。为了更好地利用车辆的热能，还会利用电池散热的热能来对车内进行加热。这项技术将会在后面的车载空调系统中详细介绍。

五、高压安全策略

新能源汽车使用几百伏的高压电来驱动车辆，而几百伏的高压电对人体是有电击风险的，因此在新能源汽车上设计了几个安全机制来防止触电风险。

（一）高压绝缘监测

新能源汽车上所有高压部件与车辆金属部件都是完全隔离的，如果高压系统与车辆金属部件不隔离，那么一定有触电的风险。即便是完全隔离的设计也会因车辆使用过程中进水或者高压部件内部损坏以及导线磨破等导致高压系统与金属外壳之间出现导通（绝缘阻值降低），导致乘客出现电击的风险。

因此在新能源汽车上会设置高压绝缘监测系统来检测高压系统与车辆金属部件之间的绝缘阻值，一旦绝缘阻值降低，车辆就会限速或者下高压电，防止车上人员出现电击。同时仪表盘会出现故障灯来提示驾驶员车辆出现绝缘故障，如图 2-16 所示。

在今后的新能源汽车维修作业中，绝缘故障也是我们经常遇到的故障之一。

（二）高压互锁机制

为了防止高压部件的插接件拔掉以及高

图 2-16 高压绝缘故障指示灯

压控制盒被拆开后车辆继续上电导致的触电风险，新能源汽车设置了高压互锁机制，用来检测所有的高压插接件是否被拔下或者接触不良以及高压控制盒被拆开。如果将高压插接件拔下或者控制盒上盖被打开，那么车辆禁止上高压电。

高压互锁有硬件互锁和软件互锁两大类。常见的硬件互锁是指由 VCU（整车控制器）输出一根导线，经过每一个高压插接件的插头和高压控制盒最后再回到 VCU。如果高压插接件被拔掉或者接触不良以及高压控制盒盖子被打开，那么该互锁回路就被破坏。VCU 监测到互锁被断开（不是一个完整的回路），就会储存一个高压互锁故障码，并且禁止上高压电，如图 2-17 所示。

（三）等电位均衡

新能源汽车在所有高压控制单元上都会设置一个等电位线连接车壳，这种设计使得所有的高压控制器都处于同一电位。即便某一个控制单元出现漏电，也不会因为该控制单元的电位高于其他的金属部件，导致维修人员同时触摸到两个不同电位导致触点事故，如图 2-18 所示。

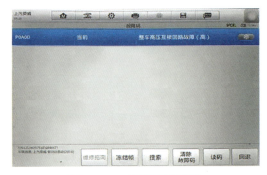

图 2-17 高压互锁故障

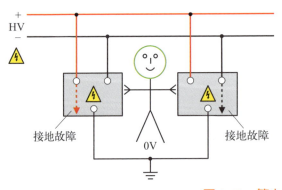

图 2-18 等电位

第三课时
纯电动汽车高压电网框架

重点知识

1. 高压电网系统的结构。
2. 各部件的名称与作用。

无论是新能源汽车还是混合动力汽车,其高压电网的布局基本一致,下面就高压电网系统布局进行详细介绍。

高压电网系统主要由用电系统、充电系统、控制系统、储能单元、高压导线五部分构成。高压电网结构如图 3-1 所示。

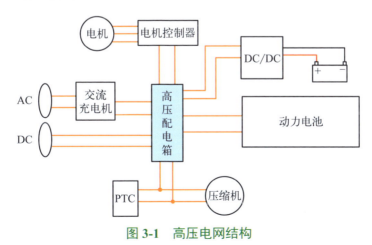

图 3-1　高压电网结构

一、动力电池

如图 3-2 所示，动力电池作为整车的电能储存单元，一般安装在车辆底盘上或者后备厢内部，电池内部由电池单体并联或串联构成模组，再由模组串联构成动力电池。动力电池通过内部接触器与橙色高压导线连接用于电池的放电与充电。

二、高压配电箱

动力电池的充电和放电高压导线连接至高压配电箱（PDU），高压配电箱内部主要由接触器和高压熔丝构成，如图 3-3 所示。在高压配电箱内部所有负极连接在一个直流母线上，所有输入和输出的正极由高压接触器输出和输入并串联一个熔丝。

图 3-2 动力电池

图 3-3 高压配电箱内部结构

三、DC/DC 高压直流转低压直流

前面介绍过新能源汽车没有发电机，车载电网是需要一个 DC/DC 为其供电。如图 3-4 所示，DC/DC 有两根高压导线连接至 PDU，由 PDU 通过接触器与熔丝为其提供高压直流电，DC/DC 内部电路对高压电降压后给 12V 小蓄电池充电。因此 DC/DC 在高压系统中是一个用电设备，需要消耗动力电池的电能来对小蓄电池充电的。

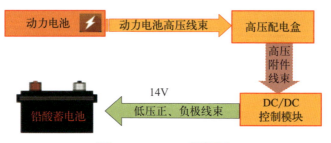
图 3-4 DC/DC 框架图

四、电机控制器

新能源汽车的驱动电机主要有三种：永磁同步电机、交流异步电机、开关磁阻电机。这三类电机使用最广泛的是永磁同步电机，其次是交流异步电机，极少使用开关磁阻电机。无论使用的是哪一种电机，最终都通过交流电驱动，而新能源汽车使用的电源是直流电，因此电机控制器需要承担将直流电转化为三相交流电的任务，所以很多同行也习惯称电机控制器为逆变器，如图3-5所示。

新能源汽车的电机在运行的时候需要控制其转速和正反转，以及在制动的时候进行能量收回控制。因此电机控制的主要作用是通过PDU从动力电池获取电能，并根据驾驶员的需求来控制电机的正反转和转速，以及在制动时实现能量回收控制。

图 3-5　电机控制器

电机控制器一般安装在离电机较近的地方或者直接与电机集成在一起，也有部分车型将电机控制器与其他控制器集成称为多合一控制器。

因此电机控制器在控制电机旋转的时候属于用电设备，而在制动的时候有能量回收，则属于充电设备，一般充电的能量比较小。

五、电动压缩机与正温度系数热敏电阻

前面介绍过新能源汽车的空调系统与燃油车的区别，即新能源汽车的空调制冷系统使用的是电动压缩机，制热系统使用的正温度系数热敏电阻（PTC）。根据高压电网框架图得知PTC与压缩机的高压电能是由PDU内部的接触器与熔丝提供的。电动压缩机内部是由电机驱动压缩机的，而电动压缩机在PDU处获取的是高压直流电。因此电动压缩机内部还有一个电机控制器集成在内部。PTC与电动压缩机并联为车辆提供制热，因此电动压缩机与PTC在高压电网中也属于用电设备。

六、充电系统

新能源汽车的充电系统分为直流快充和交流慢充，对于两者的区别在前面有过详细讲解，这里主要介绍两者的电路布局区别。交流慢充是通过交流慢充口从壁挂式充电桩或者便携式充电枪上获取220V交流电的，车载充电机将交流电转换成直流电送至PDU，PDU闭合内部接触器使充电机的直流电能够给动力电池充电。而直流快充输入的是直流电，因此不需要通过车载充电机，直流电经直流快充口直接到达PDU内部接

触器，PDU 内部接触器闭合，直接将高压直流电送给动力电池进行充电。不管是交流慢充还是直流快充，在高压电网中都属于充电系统。

七、小结

不管是纯电动汽车还是混合动力汽车，其高压电网的基本布局基本与图 3-4 一致，主要分为用电设备和充电电路。在维修新能源汽车的时候一定要将高压电网的框架图熟记于心，这样在车上看到任何一个高压控制设备都能快速地知道其作用以及高压电路连接方式。

当然现在也有很多车型将 PDU、车载充电机、DC、电机控制器集成在一起作为一个控制盒，称为多合一控制器（图 3-6），但是拆开控制器外壳后会发现，内部还是由这几个基本功能单元构成的。

图 3-6　多合一控制器

第四课时
锂离子电池基本知识

重点知识

1. 锂离子电池的分类。
2. 锂离子电池的特性。

一、动力电池的认识与相关基础知识

在传统燃油车中能量的储存是燃油箱,而对于电动汽车来说,能量储存装置就是动力电池,所以说动力电池就是电动汽车的电能储存单元。一辆电动汽车的续航里程长短,大部分取决于动力电池的额定容量。

动力电池是将化学能转换为电能储存的装置,又称为化学电池。电池在放电的时候通过化学反应生成电能,在充电的时候能将电能转换为化学能储存起来。

大部分动力电池都是由一个个小的电池单体构成的,而这些小的电池基本都是锂离子电池,锂离子电池的特性是锂离子比较活跃,对于充电电压和电流都有严格的要求,对于工作温度的要求也极其严苛。因此在每个动力电池上面都有一个动力电池管理系统(BMS)来对很多小电池进行充放电管理。

❶ 电池按照其工作原理来分类可以分为三大类。

化学电池:镍镉电池、镍氢电池、锂电池等。

物理电池:飞轮电池、超级电容等。

生物电池:酶电池、生物太阳能电池等。

❷ 电池按照其工作性质可分类四类。

一次电池（指不可充电电池）：锌锰电池、锌汞电池等干电池。

二次电池（指可充电电池）：铅酸电池、镍镉电池、锂离子电池、镍氢电池等。

燃料电池（指将活性物质持续注入电池产生电能）：氢燃料电池等。

储备电池（指临时注入电解液或使用其他方法激活的电池）：镁氯电池等。

新能源汽车一般使用的都是三元锂离子电池、磷酸铁锂电池、镍氢电池，这些都属于二次电池。

二、动力电池性能指标

1. 动力电池电压

动力电池的电压指标不是指使用万用表测得电池两端电压，而是指在不用状态下对电压的定义。

（1）端电压　端电压指的是动力电池正极与负极之间的电压，一般也指没有负载时候的电压，称为开路电压。

（2）负载电压　指动力电池接上负载后处于放电状态下的电压，所以又称为工作电压。一般工作电压会略低于端电压。

（3）终止电压　终止电压分为充电终止电压与放电终止电压。充电终止电压是指对动力电池进行充电，当电压达到某一值的时候就会终止对动力电池的充电，以防止动力电池过充；放电终止电压是指动力电池放电到某一电压时就终止放电，以防止动力电池过放。无论是充电终止电压还是放电终止电压，都是基于对动力电池的保护。

2. 动力电池容量

如图 4-1 所示，一个电池的容量是指在一定的放电条件下所能放出的电量，一般用 C 表示，单位为 A·h（安·时）或者 mA·h（毫安·时）。

（1）理论容量　理论容量是指根据其理论数据计算出来的数值，也是电池的最大容量。

（2）额定容量　一般也称为标定容量，一般是验收电池质量的重要标准。

（3）实际容量　动力电池在使用过程中实际能释放出的电能。

一般在实际维修中我们经常能听到维修技师说某动力电池能存多少度电，那么这个多少度电又是什么含义呢？电能的计量单位还有一个称为 kW·h（千瓦·时），俗称度。

例如一个动力电池的工作电压为 113.1V，电池容量为 203A·h，那么这个电池能储存的电能为 113.1V×203A·h = 22959.3W·h（瓦时）/1000 = 22.9kW·h（千瓦·时），也就说这个电池可以储存 22.9 度电。

在维修动力电池的时候，特别是对于行驶里程较长的车型，若更换动力电池模组，一定要更换容量一致的动力电池模组。因此在动力电池专业维修店内必须配备一个动力电池分容柜,来测量每个电池的容量并分类。

3.动力电池内阻

电流流过电池内部所受到的阻力称为电池的内阻。因为电池有内阻的存在,所以电池的工作电压要低于电池的开路电压,充电时端电压要高于开路电压。电池的内阻越小越好,越小内阻的电池在大电流放电时产生的热量越少。

在维修电池的时候需要注意电池的配对,一个动力电池包的电池内阻应该一致。如果单个电芯的内阻大于其他电芯,那么在使用的时候该电芯的发热量要远大于其他电芯的发热量。

同时内阻过大的电池放电电流就会变小,如果电池内阻过大,体现在车辆行驶过程中就是车辆加速性能变差,爬坡无力。如果动态读取电池数据流会发现,急加油门时内阻过大的电池电压下降严重。

一般动力电池的内阻使用专用的内阻表来测试,如图4-2所示。

图4-1 车辆铭牌

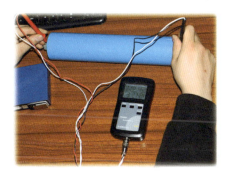

图4-2 电池内阻测试

4.能量密度

电池按照一定的放电条件进行放电,电池所能输出的电能称为电池的容量,该指标也是影响电动汽车续航里程的重要指标。一般将单位质量或者单位体积的电池所输出的能量称为能量比,实际一般叫作能量密度。能量密度是衡量一个动力电池性能的重要指标,能量密度越高的电池,在相同体积下所能释放出的电能越多,那么该电池的续航里程也就越长。

5.荷电状态

荷电状态(SOC)是指电池的剩余电量,一般在仪表上都会以比例(%)来显示。动力电池管理系统(BMS)通过特殊的计算来评估当前电池的剩余电量与额定容量的比值并显示在仪表盘中。BMS内部的算法越精确,那么在仪表上显示的剩余电量与剩余行驶里程越精确。如果BMS算法不精确,那么仪表盘上的剩余里程会与实际行驶里程会相差甚大,造成驾驶员的里程焦虑。

6.动力电池健康状态

动力电池在长时间使用后容量一定会下降,那么BMS就会通过算法来评估当前的动力电池健康状态（SOH）。动力电池健康状态随着充放电的循环会逐渐下降，表现出来的就是汽车续航里程逐渐下降。因此如果不是因为故障导致的续航里程下降，而是因为SOH下降导致的续航里程下降，理论上是无法修复的，一般在维修角度多称为电池老化。

7. 循环使用寿命

电池充电和放电一次为一个循环，电池的充放电循环是衡量电池寿命的一个重要指标，也是二手车选购时的一个重要参数。电池的循环充电次数越多，说明电池性能越差，或者说电池的寿命越短。

厂家按统一标准来测试电池，当电池在经历了多少个充放电循环后电池的容量下降到额定容量的80%，就是电池循环使用寿命。

8. 充电终止电压

电池充电时的最高充电电压被称为充电终止电压，单位为伏（V）。

电池在充电的时候，电池的端电压会随着电池SOC的增加而增加。当电池充满电后，如果还继续充电会导致电池内部压升高，电池变形、漏液等现象出现，电池就会损坏。所以为了防止电池损坏，应限制电池充电电压的上限。

9. 放电终止电压

电池放电的时候要求只能放到某一个最低电压，称为放电终止电压，单位为伏（V）。

电池在放电过程中超过放电终止电压时，如果还继续放电，可能会造成电池内部压力升高，正、负极活性材料出现不可逆的损坏，使电池容量产生明显的下降。因此放电时要对电压下限进行限制。

10. 电池安全冗余设计

电池的额定容量是根据国家公告试验测试的结果得出的，一般都是在恒温环境下充满电，满电状态下再放电测得的数据。在实际装车使用的时候厂家要考虑电池的安全（避免过度放电和过度充电）和电池的寿命，会把部分电量进行预留，所以车辆显示的SOC为0并不代表电池的电全部放完了，同理SOC显示100%也不代表电池完全充满了。

电池主机厂这样设计的目的是上下预留属于安全冗余部分，这样可以延长动力电池的使用寿命（浅冲浅放）。具体电池厂家设定的上下预留空间多大，每个主机厂区别很大，也有很多电池厂家的上位机可以对预留部分进行调整。例如特斯拉车型在上端就预留了10%，下端也预留了10%作为安全冗余设计。也就说是说仪表显示剩余电量为0实际还有10%；充电时仪表显示100%电量，实际只充到了90%。

三、动力电池充电制度

大部分人认为锂离子电池的充电就是给它通一个高于电池端电压的电就可以给电池进行充电，实际这是不对的，因为锂离子电池的特殊性在于对锂离子电池充电的时候有不同的方案，一般有两种常见的充电方法。

❶ **恒压充电**：即给一个恒定的电压，电池的电压保持不变，而充电电流将随着电池电量上升会慢慢下降，当电流下降到一定值时就认为电池被充满电了。

❷ **恒流充电**：即用一个恒定的电流给电池充电，当电池的电压上升到某一个值时会被认为电池已经充满电。

无论是哪一种充电方法，在锂离子电池中都不适用，而是需要两者结合起来对电池进行充电，这样才能保证锂离子电池在充电时是安全、快速、高效的。锂离子电池充电一般会经过三个阶段：预充电、恒流充电、恒压充电，如图4-3所示。

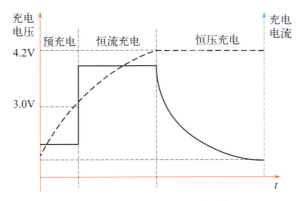

图4-3　锂离子电池充电流程

不同的电池其充电特性曲线也不一样，学习锂离子电池的充电曲线是为了更好地了解锂离子电池特性，这里以三元锂电池为例，介绍其充电曲线图。

（1）预充阶段　当单体电池的电压低于3.0V时，需要使用一个较小的恒定电流给电池进行充电，直至电池电压上升到一个安全值，否则可省略该步骤。

（2）恒流充电　预充后电池进入恒流充电状态，在该状态下充电电流保持一个较大的值用以快速给电池充电，而充电电流取决于电池的容量。

（3）恒压充电阶段　当电池电压上升到4.2V时将会从恒流充电转为恒压充电，在该状态下，充电电压将保持。用恒压充电还能将所有电池充电后的电压保持在100mV以内，以防止电池有压差出现。

通过上面的介绍可以得出今后在给电池进行均衡充电的时候，需要根据其实际电压来调节电流，切不可盲目追求充电速度而将充电电流调至太高，从而导致充电时电池出现热失控而着火。

第五课时
常见动力电池分类与特性

重点知识

1. 动力电池三种常见的结构。
2. 动力电池三种常见的特性。
3. 新款动力电池的结构。

一、锂离子电池的原理与特性

我们常听说某新能源汽车使用的电池是三元锂离子电池、磷酸铁锂电池、刀片电池或者其他电池。要想弄清楚这些电池,必须从电池结构开始认识。首先新能源汽车使用的动力电池按照制造材料大致分为两类:锂离子电池、镍氢电池。不管是三元锂电池还是磷酸铁锂电池都属于锂离子电池范围,镍氢电池一般用在日系混合动力车型上。

锂离子电池指的是分别用两种可逆的嵌入或者脱离锂离子化合物作为正负极材料所构成的二次电池。锂离子电池都是以正极材料命名的,磷酸铁锂电池指的是正极材料使用的是磷酸铁锂,三元锂电池指的是正极使用了三种不同的元素构成的正极材料。

如图 5-1 所示,圆柱形锂离子电池内部结构为一片正极材料 + 一片隔膜 + 一片负极材料 + 一层隔膜,一起卷起来放在一个圆柱形壳体内并加入电解液,再引出两个电极就构成了一个锂离子电池。

锂离子电池是以正极材料命名的,按照正极材料不同,锂离子电池可分类如下。

❶ 磷酸铁锂电池：正极材料为磷酸铁锂（LFP）。

❷ 钴酸锂电池：正极材料为钴离子（LCO）。

❸ 锰酸锂电池：正极材料为锰锂子（LMO）。

❹ 镍锰酸电池：为二元锂电池。

❺ 镍钴酸电池：为二元锂电池。

❻ 镍钴锰酸电池：为三元锂电池（NCM）。

使用不同的正极材料制造的锂离子电池在性能上有所不同，下面就常见的几种锂离子电池的性能做对比，如表 5-1 所示。

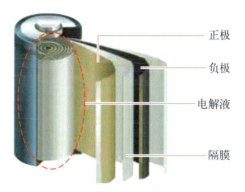

图 5-1　圆柱形锂离子电池的结构

表 5-1　几种锂离子电池的性能比较

项目	钴酸锂电池	锰酸锂电池	三元锂电池	磷酸铁锂电池
正极材料稳定性	180℃分解	优于钴酸锂电池	优于锰酸锂电池	600℃稳定
循环寿命/次	大于500	大于500	大于800	大于1500
容量/(W·h/kg)	145	105	160	150
标称电压/V	3.6	3.7	3.6	3.2
安全性能	差	较好	较好	非常好

从表 5-1 中不难发现，现在的新能源汽车使用的都是三元锂电池和磷酸铁锂电池了，那么这两款电池在安全性能上到底差异多大呢？

虽然磷酸铁锂电池正极材料的分解温度在 600℃以上，而三元锂电池正极材料的分解温度大约在 200℃，但是随着电池包的热管理技术完善，通过 BMS 对动力电池进行有效管理，三元锂电池在热管理技术上有了保障，进而保障了车辆的安全性。

磷酸铁锂电池虽然在高温下较为安全，但是在低温下电池电流较小、放电截止电压较高，因此车辆在严寒的冬季续航里程明显缩水。

而三元锂电池则不同，它的使用范围较为广泛，在 -15℃左右到 55℃之间电池都能适应，因此三元锂电池的低温性能优于磷酸铁锂电池。

二、锂离子电池的分类

（一）圆柱形锂离子电池

如图 5-2 所示，圆柱形电池是常见的锂离子电池封装方案，无论是三元锂电池还是磷酸铁锂电池，都有这种圆柱形封装的方案。其中经典的 18650 电池就是一种圆柱形封装的电池，18650 的含义是指电池的直径为 18mm，长度为 65mm，0 代表圆柱形电池。

除了 18650 电池以外还有 10440 电池，其含义也是一样的，电池直径为 10mm，长度为 44mm，0 还是代表圆柱形电池，以及 14500 电池、16340 电池、21700 电池、26650 电池、32650 电池、32700 电池等。

圆柱形锂离子电池在动力电池包中一般都是将多个单体电芯并联使用，如图 5-3 所示。

图 5-2　圆柱形锂离子电池

图 5-3　圆柱形锂离子电池构成模组

（二）软包装电池

如图 5-4 所示，软包装电池是指没有坚硬的外壳做保护，不像圆柱形锂离子电池还有一个圆柱形壳体封装。软包装电池在三元锂电池和磷酸铁锂电池中都有应用。一般在新能源汽车上软包装电池并不是直接使用的，而是将单个电芯并联后再串联构成一个电池模组，一般电压为 12～24V。再用一个铝合金外壳封装焊死，留出采样线以及正负极，如图 5-5 所示。

图 5-4　软包装电池

图 5-5　软包装电池构成的模组

（三）方形电池

如图 5-6 所示，方形电池是电动汽车使用较多的一种电池结构，特点是电池容量大，一般可直接串联做成动力电池包。

（四）刀片电池

如图 5-7 所示，刀片电池是 2020 年由比亚迪公司推出的新型结构电池，刀片电池本质上还是磷酸铁锂电池，只不过在外观上做了重大突破，使用长条形包装。以往的电池因为单个电池体积小，都需要将电池以电芯为单位进行并联再串联构成模组，再将模组串联构成动力电池包，这种设计使得整个电池包的利用率只有 40%～50%，剩余部分都是模组外壳以及冷却部分。比亚迪公司推出刀片电池以后就省去了模组这个设计，称为无模组设计，这样对电池包的空间利用率大大增加，使得整个电池包的空间利用率上升到 60%～80%。相比三元锂电池而言，磷酸铁锂电池能量密度低的问题，在使用刀片电池后使电池包的能量密度大幅上升，带来了更长的续航里程，如图 5-8 所示。

图 5-6　方形电池

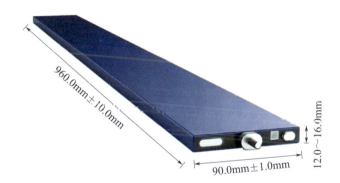

图 5-7　比亚迪刀片电池

图 5-8　刀片电池构成的电池包

还未批量生产的新型电池还有宁德时代的麒麟电池以及特斯拉的 4680 电池，这两款电池本质上还是三元锂电池，只不过改变了电池包以及电芯的结构，提高了动力电池的充电速度以及动力电池包的能量密度。

三、镍氢电池

镍氢电池是使用氢氧化镍为正极、储氢合金为负极制作的电池,主要以圆柱形结构为主。电池由正极材料、隔膜、负极材料、电解液、外壳以及附件构成。

镍氢电池的端电压为1.2～13V,外观一般有圆柱形和方形两种。圆柱形镍氢电池的结构如图5-9所示。

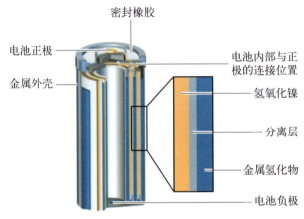

图5-9 圆柱形镍氢电池的结构

第六课时
动力电池包结构与动力电池管理

重点知识

1. 动力电池的内部结构。
2. 动力电池的维修断电流程。
3. 动力电池的管理方式。

无论使用什么类型的电池都无法直接做成一个动力电池包，实际情况是将小电池按照一定的数量并联后再串联构成电池模组，然后将模组串联构成一个电池包。下面我们看一个圆柱形电芯是如何构成动力电池的。

一、常见品牌电池包结构

一节单体电芯的电压一般为几伏，而一个电池包的电压一般为100V到上千伏，这又是怎么做到的呢？

如图6-1所示是三元锂电池串联示意，单个锂离子电池的电压是3.6V，图6-1中是4个锂离子电池串联，4个锂离子电池串联后总电压等于3.6V×4=14.4V，因此若需要高电压，只需要将单体电芯串联即可。

仅仅提高电池的电压还不行，因为单体电芯的容量太低，需要再提高电池的容量。如图6-2所示，4个电芯并联后总电压没有变。但是容量是单个电芯的4倍，所以要想提高电池的容量就需要将电池并联。

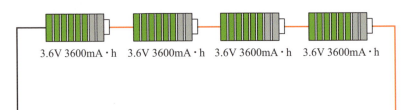

图 6-1　三元锂电池串联示意

有了电池串联提高电压、并联提高容量的基本原理，现在我们来学习电池包内部的一个基本单位——模组。模组是后期维修电池包中的一个基本单位，一般都是以模组为单位进行更换或者维修的，有些使用激光焊接的模组是无法拆解的，只能整体更换，如果是可拆卸的方形电池则可以对模组进行拆解维修。

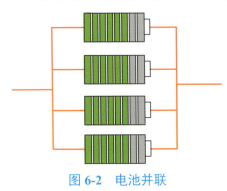

图 6-2　电池并联

如图 6-3 所示是 4P3S 模组，4P3S 是对模组内部结构的一个称呼，4P3S 是指该模组内部是由 4 个电芯并联后再 3 个串联组成的一个模组。同理 5P6S 指的是该模组是 5 个电芯并联后再 6 个串联构成的模组。

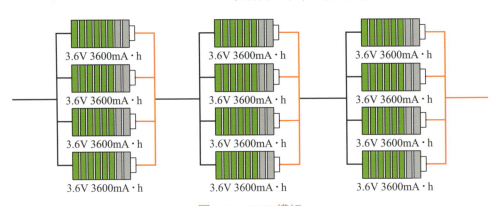

图 6-3　4P3S 模组

有了模组，就可以将模组在电池包内部按一定的顺序排列构成电池包，在电池包内部设置正负接触器以及预充接触器，实现电池包对外放电与切断（图 6-4）。在电池包上面，部分车型还会设置 MSD 开关，称为维修开关，也有部分车型使用的是接触器，称为分压接触器。无论是维修开关还是分压接触器，实则都是为了保护维修人员的人身安全。一般维修开关或者分压接触器都是安装电池包模组串联的中间部分，如果维修开关或者分压接触器断开，理论上电池包内部的电压就会被分为一半，且电池包内部串联结构被破坏，因此主正主负母线不会有回路，即可保证维修人员的人身安全。

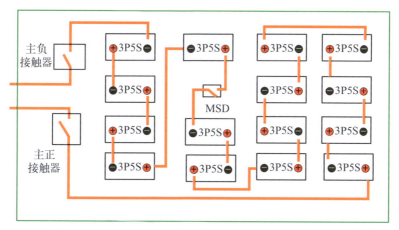

图 6-4　电池包内部结构

1. 比亚迪汉电池包结构

比亚迪汉电池铭牌如图 6-5 所示。蓄电池参数见表 6-1。

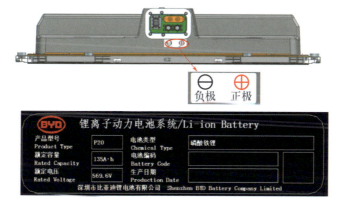

图 6-5　比亚迪汉电池铭牌

型号：P20（集成动力电池及动力电池管理器）。

电压：569.6V。

电量：76.9kW·h。

电芯类型：磷酸铁锂。

表 6-1　蓄电池参数

序号	指标	参数	备注
1	设计容量	135Ah	25℃±3℃，CC 方式 2.00～3.75V，0.5C 充放 设计要求容量≤实际容量≤设计要求容量×1.05
2	额定电压	569.6V	3.2V/单体
3	充电截止电压	667.5V	3.75V/单体

续表

序号	指标	参数	备注
4	放电截止电压	356V	2.0V/单体
5	标准充电电流	27A	0.2C/23℃
6	最大充电电流	210A	≥120kW
7	标准放电电流	27A	0.2C/23℃
8	最大持续放电电流	135A	≥77kW
9	峰值放电电流	663A	≥378kW（脉冲放电功率），20～45℃，持续时间5s
10	充电温度	-20～55℃	
11	放电温度	-30～60℃	
12	储存温度	-20～35℃	短期储存（0～3月），20%～60% SOC
12	储存温度	-20～30℃	长期储存（3月以上，1年以内），30%～60% SOC
13	储存相对湿度	5%～90%	

比亚迪汉电池包外观尺寸如图6-6所示，电池包各部件构成如图6-7所示，电池PDU安装位置如图6-8所示。

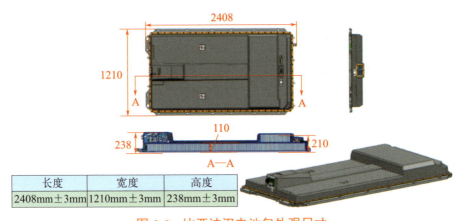

长度	宽度	高度
2408mm±3mm	1210mm±3mm	238mm±3mm

图6-6　比亚迪汉电池包外观尺寸

HVSU（高压监控模块）的主要功能有电流采样、总电压/烧结检测、漏电检测；BIC的主要功能有电池采样、电池均衡；动力电池采样的主要功能是连接电池管理控制器、HVSU和BIC，实现三者之间的通信及信息交换。电池包内部电路如图6-9所示。

2. 比亚迪唐电池包结构

比亚迪唐电池包外观如图6-10所示，其高电量电池包内部包含216节单体电芯，每个电芯的电压为3.3V，共分为8个模组，电池包总电压为712.8V，为高压电池，如

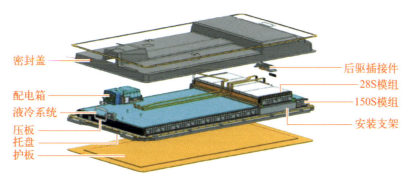

图 6-7 电池包各部件构成

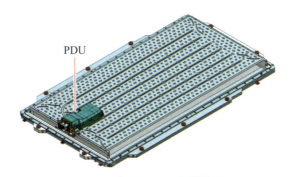

图 6-8 电池 PDU 安装位置

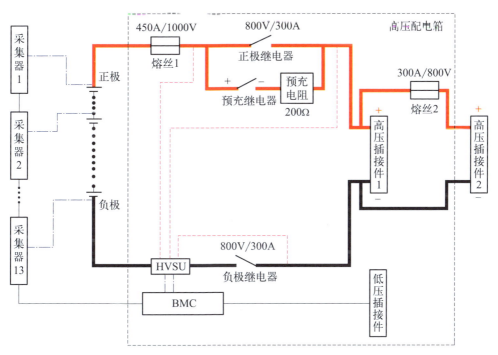

图 6-9 电池包内部电路

图 6-11 所示。因此在电池包内部安装两个分压接触器、一个负极接触器，其安装位置如图 6-12 和图 6-13 所示。电池包内部还有 16 个采集器和 1 根采样线与 1 个漏电传感器，如图 6-14 所示。

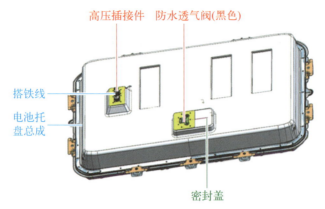

图 6-10　比亚迪唐电池包外观

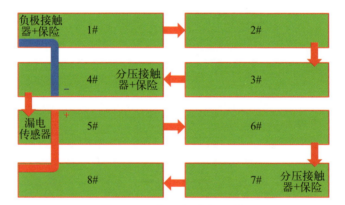

图 6-11　电池包内部示意

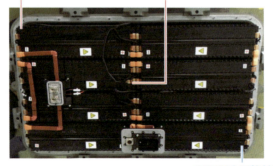

图 6-12　接触器安装位置

图 6-13 分压接触器位置

如图 6-15 所示为分压接触器原理。分压接触器安装在模组内部正极位置，在没有分压接触器的模组中，正极和负极之间可以直接测到电压，安装了分压接触器的车型在分压接触器没有闭合时是测量不到模组正极和负极之间的电压的。分压接触器实物如图 6-16 所示，其 3D 图如图 6-17 所示。

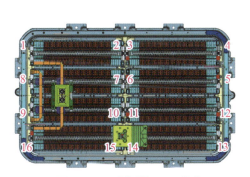

图 6-14 采集器 BIC 分布

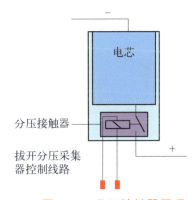

图 6-15 分压接触器原理

图 6-16 分压接触器实物

图 6-17 分压接触器 3D 图

二、高压系统维修断电流程

在维修高压系统之前首先要对高压系统进行断电,而断电的时候就需要拔掉维修开关,下面以江淮新能源汽车为例来学习高压断电流程。

如图 6-18 所示为江淮 EV 的电池维修开关,找到维修开关后使用平口螺丝刀往上提起绿色卡扣,并抬起白色开口 90°再拔起维修开关。具体步骤如下:

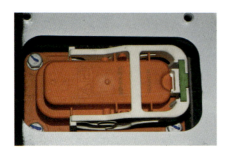

图 6-18　江淮 EV 的电池维修开关

❶ 拔掉点火开关钥匙。
❷ 断开 12V 低压蓄电池负极。
❸ 断开维修开关。
❹ 等待 15min 后使用万用表测试高压系统是否带电。

三、动力电池管理系统

动力电池内部是由几十至上百个单体电芯构成的,因此在充电、放电、温度控制上面都需要严格把控,而这项工作是由动力电池内部的电池管理单元(BMS)来完成的。BMS 通过对电池电压、电流以及温度的监控实现对电池的过充电、过放电、过电流、高温、低温来进行保护。

BMS 的组成可分为软件部分和硬件部分,如图 6-19 所示,其实物图如图 6-20 所示。

(1) BMS 硬件　硬件部分又可分为主控板和从控板,因此 BMS 不是一个独立的电脑,而由一个主控电脑和多个从控电脑构成。

(2) BMS 软件　BMS 软件是写在内部单片机中的,BMS 通过硬件采集一系列数据后最终全部送至 BMS 的单片机,单片机根据软件设定来检测整个电池包的单体电压、电流、SOC 值、高压绝缘阻值、温度值,并通过总线与整车控制器(VCU)、充电机(OBC)通信来实现对电池包的充电与放电。

四、动力电池包上下电流程

由于电动汽车的电机控制器内部有很多功率补偿电容,电容有一个特性,即两端电压不能突变,因此在接触器闭合瞬间电流非常大,为了保护接触器的触点在上电的时候不被烧坏,所以在正极接触边上会并联一个预充接触器,预充接触器串联一个预充电阻。在闭合接触器的时候应先闭合负极接触器,再闭合预充接触器,闭合预充接触器后电流经预充电阻给电机控制器的功率补偿电容充电,当预充电压合格后再闭合主正接触器,如图 6-21 和图 6-22 所示。

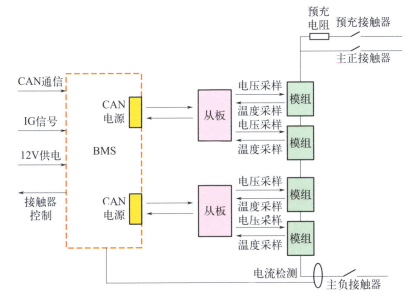

图 6-19　BMS 框架图

图 6-20　BMS 实物图

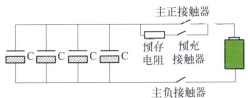

图 6-21　预充电路

图 6-22　预充电路实物

第七课时
动力电池常见故障诊断

> **重点知识**
> 1. 电池压差故障诊断方法。
> 2. 电池温度采样故障诊断方法。
> 3. 电池预充电路故障诊断方法。

动力电池故障在电动汽车故障维修中频率较高,常见的有电池续航里程下降、压差故障、绝缘故障以及采样故障。以下就常见的故障进行分析并给出诊断解决方案。

一、电池压差故障

电池包内部是由多个单体并联再串联构成的模组,再由模组串联构成电池包。那么电池在串联的时候所有单体电池的电压都要保持一致,如果出现不一致即我们所说的压差故障。压差故障是指同一电池组内单体电压不一样,这种情况下电池包在放电和充电的时候都会造成充电充不满及放电放不完。

如图 7-1 所示,三个电池串联工作,目前中间电池电量较低,其他两个电池电量一致,在充电的时候两边的电池优先充满。而 BMS 根据电池保护机制则不能给电池继续充电,以防止已经充满电的电池过充,因此中间电池并没有充满。放电的时候,因为中间电池本身电量不足,所以

图 7-1 压差故障模拟

会先放完电，而 BMS 为了保护中间电池不被过放，导致两边的电池没有放完电。综合下来整个电池包的实际容量就会下降。为了避免这种情况，一般主机厂会在压差为 100mV 的时候就禁止电池对外放电，并在仪表盘中点亮故障指示灯。

当电池包出现压差故障的时候，轻者车辆续航里程下降，重者车辆无法上电行驶。因此当出现车辆无法上电行驶的时候，就需要读取电池包的故障码以及数据流，分析是否出现了严重的压差故障。

如果已经出现严重的压差故障，则需要拆解电池包进行维修。维修方案一般为做电池均衡或者更换模组/单体。首先了解为什么做电池均衡以及如何给电池做均衡。

所谓做电池均衡实际就是通过充电或者放电的手段使电池的电压恢复一致性，一般分为主动均衡和被动均衡。通常我们把放电均衡称为被动均衡，充电均衡称为主动均衡。一般会使用锂离子电池均衡仪来对电池做均衡，锂离子电池均衡仪根据其功能又分为主动均衡仪、被动均衡仪、主动被动一体均衡仪。目前市场所售卖的锂离子电池均衡仪种类繁多，功能各异，价格也从几千元到几万元不等，那么应该如何选择锂离子电池均衡仪呢？一般价格高的锂离子电池均衡仪的充放电速度较快，还会多一个电池测容功能。根据作者经验，在做电池均衡的时候不追求高效率的充放电，因为均衡本身就是对电池进行修复。而小电流充放电对电池几乎是没有伤害的，如果大电流充电，可能会进一步损害电池。另外，电池测容这个功能是仁者见仁智者见智，作者本人认为是没有必要的，所有容量测试是指可以对单体电芯做电池容量检测，以找出容量较低的电池，而实际情况是电池厂家在生产电池组的时候就已经对电池容量、内阻做了精确的测试来进行配组的。因此后期维修的时候没有多大必要进行测容，如果电池容量下降太大，可以通过外观是否漏液、电压下降是否严重（电压低于电池对地电压）来找出损坏的电池，直接更坏即可。

接下来就充放电一体均衡仪来学习如何对电池做均衡。如图 7-2 所示是电池均衡示意，图中均衡仪是 11 个接口（称为 10 路均衡仪）。市场上均衡仪有 12 路、24 路、26 路、48 路等，一般根据自己的需求采购。在图 7-2 中，对压差故障较大的 5 个单体进行均衡，按顺序将均衡仪的均衡线束夹到电池上，从总负极开始依次在各个串联点夹上采样线，直至最后一个正极。夹好线路后在设备上选择需要均衡的串数、电池类型、均衡目标电压（一般设置为好的电池电压），点击开始均衡，等待均衡结束，装车即可。

小结：在车辆出现电池压差故障后，首先使用解码器读取单体数据流，精确找到压差电池位置编号。接下来拆解电池，在拆解电池的时候，需要注意先戴绝缘手套，断开各个模组之间的串联母线，使整个电池包的电压下降到安全值，最后再去拆解模组，这样会比较安全，不会有触电的风险。然后使用万用表挨个测量单体电池电压并记录，找到与数据流一致的单体。如果在测量中发现电池电压都是正常的，那么应仔细检查电池的采样线，如果采样线也正常，则更换 BMS 或者 BMS 从机。当找到有压差故障的电池后，确认电池电压是否在合理范围内，如果太低需更换电池，如果发现电池有漏液现象也应更换电池。如果以上都正常，可单独给需要均衡的电池均衡，而无须给整个动力电池均衡。

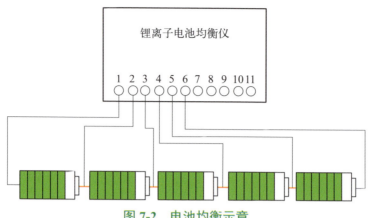

图 7-2 电池均衡示意

二、电池温度采样故障

动力电池的温度是需要精准控制的,因此在电池模组中设置了多个温度采样传感器。当温度采样传感器出现故障后,车辆可能会出现无法上电等故障。温度采样传感器一般采用负温度系数热敏电阻,一般一个模组上会安装一个到两个,导线直接连接至BMS从机。BMS从机根据传感器阻值的变化计算出模组的实际温度,如图7-3和图7-4所示。

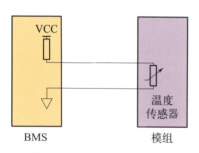

图 7-3 温度传感器原理

图 7-4 温度传感器实物

当出现温度采样故障的时候,首先根据电池包的数据流找到相应的故障温度传感器。然后拆解电池包,在电池包内部找到温差传感器,下面我们详细看介绍温度传感器的故障诊断方案。

当发现一个温度传感器出现故障后,应先找到对应的温度传感器。一般来说温度传感器故障部位有传感器本身、线路、BMS/BMS从机,接下来要挨个排除。拔掉温度传感器插头,测量温度传感器电阻与好的传感器对比(一个车的温度传感器都一样),如果异常则直接更换;如果正常,给电池包外接12V电源,让BMS工作起来后再测量 BMS 端插头电压，如果无 5V 输出（一般都是 5V，如果不是 5V 则与好的对比），应检查传感器线路至 BMS 是否异常，插头是否退针，如果正常应更换 BMS。

温度传感器又分为外置和电路板集成式。部分低端电池组使用外置温度传感器，大部分高端车都使用电路板集成式温度传感器。如比亚迪的电池在模组内省掉了采样线，取而代之的是采样板，使用激光直接将采样板焊接在电芯上采集单体电压，并在采样板上直接焊接上温度传感器，如图 7-5 所示。

图 7-5　电池采样板

三、预充电路故障

预充电路故障也是电动汽车常见故障之一，一般表现为预充失败，车辆无法上电。当遇到车辆无法上电故障的时候，使用解码器读取故障码，若为预充失败故障，就需要对预充电路进行检测。

导致预充失败的原因如下。

（1）预充电阻故障　预充电阻在预充电路中起到的作用是限制预充电流，当预充电阻开路或者阻值较大时，那么闭合预充电路后直流母线电压无法升压到电池包总电压的 2/3，即判断预充失败故障。

（2）预充接触器故障　预充接触器可以看作预充电路中的一个开关，如果预充接触器发生故障，则会导致预充电路无法闭合，当然预充也就失败了。一般预充接触器故障大致有：预充接触器触点烧坏、预充接触器线圈故障、预充接触器控制电路故障。

（3）电池包输出欠压　当电池包内部连接母线虚接或者电池包内部电压欠压时，会导致预充电路闭合后预充电压无法上升至电池包总电压的 2/3，从而判断为预充失败故障。

（4）驱动电机控制器或 DC 总成故障　驱动电机控制器或者 DC 内部故障，导致高压电路短路。在预充电路闭合后因后级短路，那么预充电压在规定时间内也无法上升至电池包总电压的 2/3，系统即判断预充失败。

（5）高压负载故障　除过驱动电机控制器或 DC 内部故障会导致预充失败以外，在分析某个车型的高压电路电路图时还需要注意有哪些高压负载是并联在预充电路上的，如果这些部件内部短路也会导致预充失败。

不同车型电池预充电路故障对比如表 7-1 所示。

表 7-1 不同车型电池预充电路故障对比

车型	电池厂家	电池类型	技术规格（配置）	备注
比亚迪汉	比亚迪	磷酸铁锂电池	无模组刀片电池	
比亚迪海豹	比亚迪	磷酸铁锂电池	CTB 车身集成	
比亚迪秦 EV/E5	比亚迪	NCM 三元锂电池	单体成模组模组成包	BIC、BMS 通信转换模块、正极接触器、负极接触器

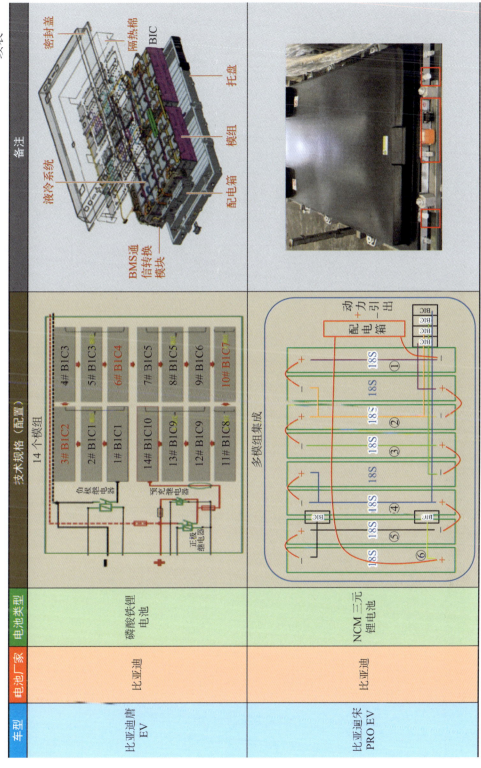

续表

车型	电池厂家	电池类型	技术规格（配置）	备注
特斯拉 M3	宁德时代	磷酸铁锂电池	1P108S E14 CTC 集成底盘	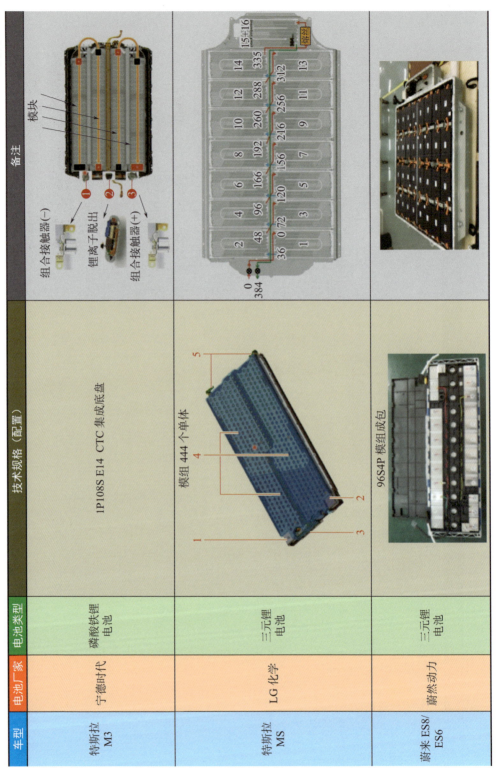
特斯拉 MS	LG化学	三元锂电池	模组 444 个单体	
蔚来 ES8/ES6	蔚然动力	三元锂电池	96S4P 模组成包	

续表

车型	电池厂家	电池类型	技术规格（配置）	备注
理想 ONE	宁德时代	三元锂电池	1P12S 模组成包（铆钉、上盖、输出级保护盖、输出级底座、线束、隔离板、电芯、侧板、缓冲垫、底部绝缘模、绝缘罩、隔板）	
小鹏 P7	宁德时代	三元锂电池	1P15S+1P14S	

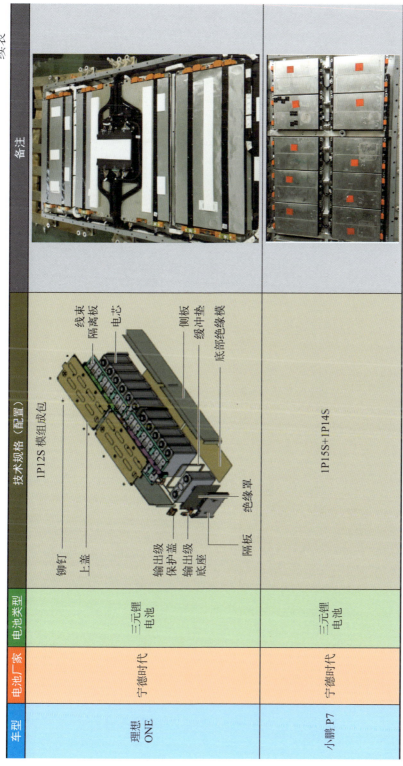

续表

车型	电池厂家	电池类型	技术规格（配置）	备注
广汽 AION Y	宁德时代	磷酸铁锂电池	1P26S×2+1P32S×2=1P116S	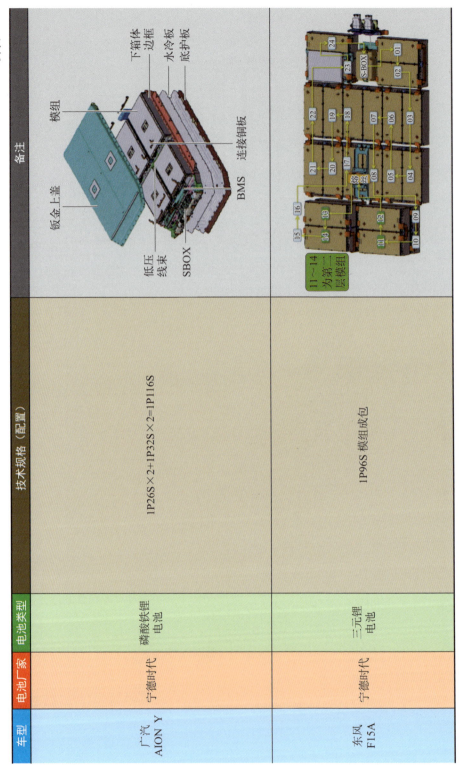
东风 F15A	宁德时代	三元锂电池	1P96S 模组成包	

续表

车型	电池厂家	电池类型	技术规格（配置）	备注
北汽极狐 HI版	宁德时代	三元锂电池	IP16S+IP32S 模组爆炸图	上盖／高压连接器／S-BOX／CMC／密封圈条／下箱体；高压连接／模组／模组／缓冲泡棉／后驱高压插接件／底护板钣金
江淮IEV5	华霆动力	三元锂电池	32P5S 32P4S	上壳体／32并44串模组／维修开关／LBC／32并24串模组／下壳体／O-ring／转接基座／低压输出端子；热管理系统／32并24串模组／BDU／OEV／高压输出端子；绝缘夹板／中间压板／锁紧螺母／模组固定板／螺杆

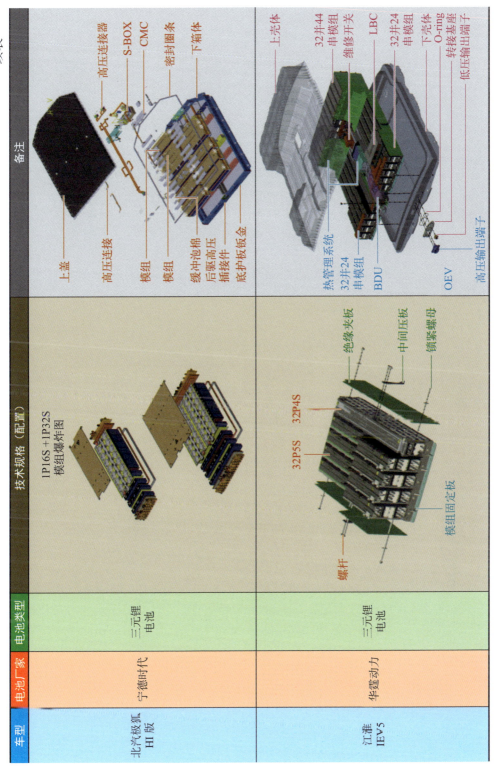

第八课时
CAN 卡与上位机的使用

重点知识

1. CAN 总线诊断电气原理。
2. CAN 卡的认识。
3. 上位机的分类和使用。
4. CAN 报文截取和发送方法。
5. LIN 卡的使用。

一、CAN 总线基本知识

CAN（Controller Area Network）即控制器局域网络。由于其高性能、高可靠性及独特的设计，CAN 越来越受到人们的重视。CAN 总线是一种串行数据通信协议，其通信接口中集成了 CAN 协议的物理层和数据链路层功能，可完成对通信数据的成帧处理，包括位填充、数据块编码、循环冗余检验、优先级判别等工作。CAN 通信结构示意如图 8-1 所示。

1. CAN 总线的特点

❶ 可以多主方式工作，网络上任意一个节点均可以在任意时刻主动地向网络上的其他节点发送信息，而不分主从，通信方式灵活。

❷ 网络上的节点（信息）可分成不同的优先级，可以满足不同的实时要求。

❸ 采用非破坏性位仲裁总线结构机制，当两个节点同时向网络上传送信息时，优

先级低的节点主动停止数据发送，而优先级高的节点可不受影响地继续传输数据。

❹ 可以点对点、一点对多点（成组）及全局广播几种传送方式接收数据。

❺ 直接通信距离最远可达 10km（速率 5kbit/s 以下）。

❻ 通信速率最高可达 1MB/s（此时距离最长 40m）。

❼ 节点数实际可达 110 个。

❽ 采用短帧结构，每一帧的有效字节数为 8 个。

❾ 每帧信息都有 CRC 校验及其他检错措施，数据出错率极低。

❿ 通信介质可采用双绞线、同轴电缆和光导纤维，一般采用廉价的双绞线即可，无特殊要求。

⓫ 节点在错误严重的情况下，具有自动关闭总线的功能，切断它与总线的联系，以使总线上的其他操作不受影响。

2. CAN 总线拓扑图

CAN 控制器根据两根线上的电位差来判断总线电平。总线电平分为显性电平和隐性电平，两者必居其一。发送方通过使总线电平发生变化，将消息发送给接收方。

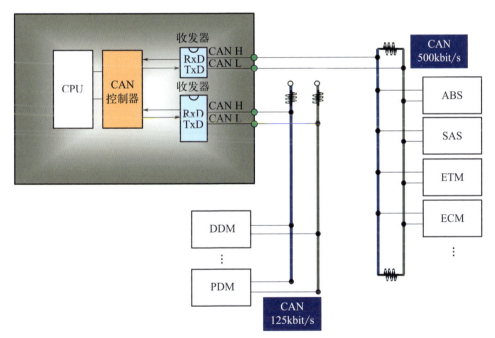

图 8-1　CAN 通信结构示意

二、上位机监测系统工作原理

基于 CAN 总线通信结构，CAN 总线也用于诊断设备和相应控制单元之间的信息交换，它被用来代替原来的 K 线或者 L 线的功能，其电气原理示意如图 8-2 所示。

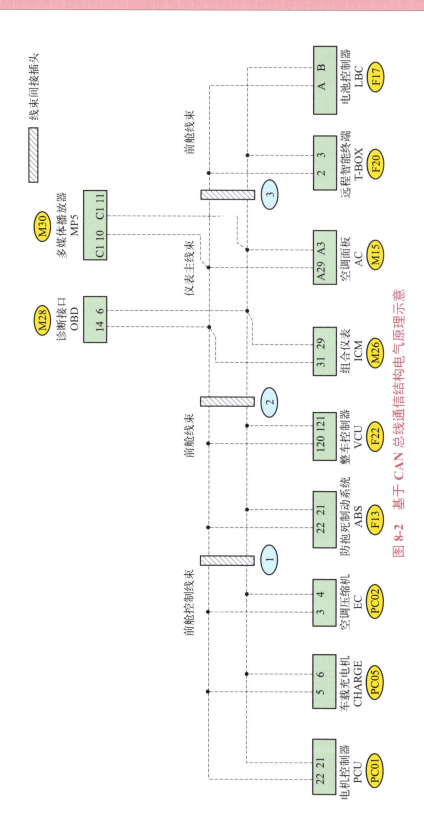

图 8-2 基于 CAN 总线通信结构电气原理示意

与通用型诊断设备通过 OBD 实现整车通信诊断不同，上位机诊断可以实现单一子网络甚至单一控制单元的通信数据收发，相应的诊断设备也通常称为 CAN 总线分析仪，也叫 CAN 卡。

三、诊断硬件 CAN 卡的认知

由于厂家众多，各厂家使用开发协议不同，因此在标定过程中工程师使用的 CAN 卡也不同，其中常见的如图 8-3 和图 8-4 所示。

图 8-3　周立功 USBCAN-II

图 8-4　PCAN 卡

除了诊断硬件主体外，还需要相应的连接导线和安装了相应 CAN 卡驱动及上位机的笔记本电脑。

下面以周立功 CAN 卡为例，介绍如何正确安装 CAN 卡驱动。

首先用 USB 线把 USBCAN-II 卡接到电脑，同时确保设备供电正常。

用鼠标右键点击"计算机"，用鼠标左键点击"属性"（图 8-5），打开设备管理器，未安装驱动显示"未知设备"，如图 8-6 所示。

如果此时设备管理器没有显示该信息，请检查：

❶ USB 线连接是否有问题；
❷ 电脑的 USB 口是否被禁用；
❸ 设备供电是否正常。

图 8-5　打开计算机设备管理器

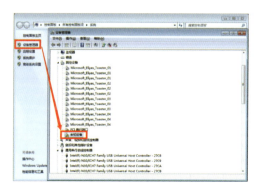

图 8-6　在设备管理器中显示未安装状态

用鼠标右键点击【未知设备】，选择"更新驱动程序软件"，如图 8-7～图 8-11 所示。

图 8-7　浏览计算机已查找驱动程序软件　　图 8-8　从计算机的设备驱动列表中选择

图 8-9　直接点击下一步　　　　　　　图 8-10　从磁盘安装

选中"USBCAN.inf"文件，打开并点击"确定"，计算机即开始加载安装驱动文件，接下来的窗口显示已经安装好的设备，单击"关闭"按钮结束安装，如图 8-12 所示。

图 8-11　选择驱动文件　　　　　　　图 8-12　驱动程序安装完成

在设备管理器中显示"ZLG USBCAN",表明驱动正确安装,硬件的"SYS"灯为绿色(图8-13)。

安装好驱动后就可以正确使用了,其应用场景如图8-14～图8-16所示。

图 8-13 驱动正确安装

图 8-14 新能源整车故障诊断

图 8-15 新能源 ECU 程序烧写

图 8-16 ECU 通信调试

四、上位机及上位机软件分类

上位机指可以直接发送操作指令的计算机或单片机,一般提供用户操作交互界面并向用户展示反馈数据,在笔记本电脑上安装好 CAN 卡驱动和上位机软件。

用于完成上位机操作交互的软件被定义为"上位机软件"。

根据所在新能源领域的应用场景,上位机软件大致可以分为以下三大类。

整车诊断工具——以江淮上位机软件为例,可以实现整车故障诊断数据读取、驱动测试和调试标定,如图8-17和图8-18所示。

其操作流程为:

❶ 在 Device Type 栏目中选择 USBCAN2;

❷ CAN Chanel 分为 0 和 1,选择 CAN 卡对应连接的频道;

❸ 先点击 Open Device,后点击 Start CAN。

图 8-17　江淮上位机软件诊断工具

图 8-18　江淮上位机软件诊断界面

供应商提供用于诊断调试单一部件——以宁德时代为小鹏 P7 提供的上位机软件为例，可以实现 BMS 故障诊断、数据读写、程序刷写等功能，如图 8-19 和图 8-20 所示。

图 8-19　小鹏 P7 上位机软件登录界面

通用型报文采集和调试工具——以 CANTest、ZCANPRO 为代表的通用测试软件，可以实现 CAN 总线报文截取和驱动发动报文，如图 8-21 所示。

图 8-20　小鹏 P7 上位机软件诊断界面

图 8-21　通用测试软件界面

五、CAN 报文截取 / 发送方法

下面将以周立功 USBCAN-Ⅱ卡为例，详细介绍 ZCANPRO 总线分析工具在设备连接和报文截取及发送中的详细步骤。

1. 打开设备与配置 CAN 通道

打开 ZCANPRO 软件后，将弹出"设备管理"界面（或点击左上角"设备管理"图标，进入设备管理界面），如图 8-22 所示。

进入设备管理界面后，选择设备类型及索引。

类型：类型指当前设备类型。点击"类型"右边的下拉列表，在列表中选择 USBCAN-Ⅱ。若设备不是 USBCAN-Ⅱ，则对应选择 USBCAN-Ⅱ。

索引：索引指识别设备的代码。针对打开多个同类型设备时，需选择不同的索引。

例如，同一台计算机，使用两台 USBCAN-Ⅱ，第一台启动的索引为 0，第二台启动的索引为 1，以此类推。

选择好类型及索引后，点击"打开设备"，完成打开设备操作，如图 8-23 所示。

若关闭设备，则点击设备管理界面中已打开设备的"关闭设备"按钮，从而关闭设备。

图 8-22　进入设备管理界面

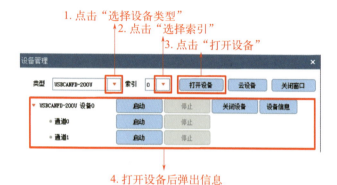

图 8-23　打开设备界面

打开设备后，即可配置 CAN 通道。点击"启动"按钮（启动按钮分为启动所有通道或启动单一通道，如图 8-24 所示），进入通道配置界面，如图 8-25 所示。

图 8-24　启动通道界面

选择正确的波特率，然后点击"确定"按钮，启动通道，设备指定 CAN 通道灯变为绿色。CAN 视窗显示区就会显示出采集的报文信息，如图 8-26 所示。

2. 报文截取及发送

（1）报文截取　在 CAN 视图区域，点击"保存"按钮，将弹出数据保存对话框，如图 8-27 所示，在上方选择好文件保存路径，在下方区域确定保存文件名称和文件类型，确认好后点击保存对话框下方的"保存"按钮即可，保存完成后会有数据保存成功提示信息。

图 8-25　通道配置界面

图 8-26　CAN 视窗显示区

（2）数据发送　ZCANPRO 提供了多种发送数据的方式，我们以最简洁的文件发送方式来进行演示：点击工具栏的"发送数据"，选择"文件发送"，如图 8-28 所示。

图 8-27　CAN 报文保存

图 8-28　数据发送方式选择

选择文件发送方式后将自动弹出文件发送配置对话框，配置好发送参数后，在文件路径选择区打开文件选择对话框，如图 8-29 所示。

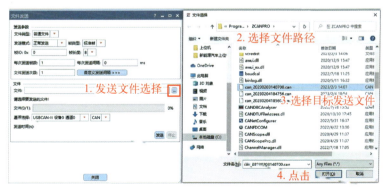
图 8-29　打开文件

选择好正确的目标文件后，点击"发送"，在上方可以观察发送进度条，在右下角可以观察接收和发送的帧数信息，如图 8-30 所示。

图 8-30　发送文件

六、LIN 卡的使用

LIN 卡其实是 LIN 总线分析仪的俗称，广泛用于汽车 LIN 总线产品的软件开发，是一种老式汽车维修的测试方式，用户只需要进行简单的配置即可实现 LIN 总线测试。LINTest-M 总线测试仪如图 8-31 所示。

1. LIN Test-M 总线测试仪硬件及连接方法

测试硬件还包含安装有 LINTest-M 上位机的笔记本电脑和连接导线，其连接示意如图 8-32 所示。

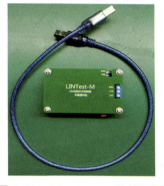

图 8-31　LINTest-M 总线测试仪

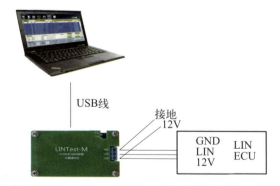

图 8-32　LIN Test-M 总线测试仪硬件连接示意

2. LINTest-M 总线测试仪报文采集步骤

❶ 打开 LINTest-M 上位机软件，选择"搜索设备"，如图 8-33 所示。

❷ 选择开发者选项，打开右上方开关，选择"自动识别从机"，如图 8-34 所示。

图 8-33　搜索设备

图 8-34　自动识别从机

❸ 自动识别从机进度条到达 100% 后，页面将自动跳转到单机模式，数据区如果出现报文数据则代表通信成功，如果无报文数据显示则通信失败。通信成功后在下方发送数据区点击"保存数据"，选择".csv 格式"即可保存 LIN 报文数据，如图 8-35 所示。

图 8-35　保存 LIN 报文数据

第九课时 电动汽车空调系统结构

重点知识

1. 新能源汽车空调制冷系统结构。
2. 新能源汽车 PTC 制热系统。

新能源汽车与燃油车在空调系统上存在一定的差别，不同的新能源汽车又有不同的特点。就纯电动汽车而言，没有发动机作为空调的动力源，就无法利用发动机预热来达到取暖以及除霜的效果，也没有办法利用发动机的动力来驱动压缩机。而对于混合动力汽车来说，发动机在其控制策略上不能随时为制冷系统压缩机提供动力，也不能及时提供制热的热源。因此新能源汽车与燃油车的空调系统在结构上存在着一定的差异，但从原理上讲新能源汽车的制冷系统与燃油车基本一致，制热系统差异较大。

一、新能源汽车制冷系统

新能源汽车的制冷系统与燃油车基本一致，主要部件依旧由压缩机、冷凝器、存液干燥瓶、膨胀阀、蒸发箱、管路、控制单元以及传感器构成。燃油车的压缩机是由发动机通过皮带或者传动轴来提供动力的，新能源汽车的压缩机是由电动机提供动力的，如图 9-1 所示。

汽车空调制冷系统开始工作的时候，压缩机由电动机驱动，吸入由蒸发箱出来的低温气态制冷剂，经压缩机压缩后形成高温高压的气态制冷剂并送入冷凝器，在冷凝器中散热并形成气液共存的制冷剂，再进入存液干燥瓶过滤后进行气液分离，出来后完全是液态的冷媒。液态冷媒经膨胀阀后雾化进入蒸发箱，在蒸发箱内部蒸发吸热气化，最后经压缩机进入下一个工作循环。如图 9-2 所示。

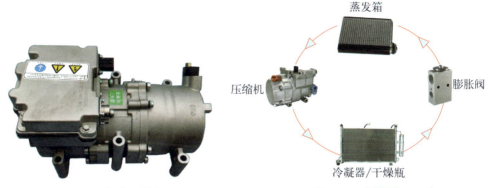

图 9-1　电动压缩机　　　　图 9-2　冷媒循环示意

新能源汽车空调压缩机与传统燃油车区别不大，基本都使用电动压缩机，电动压缩机主要由控制电路板、电动机、涡旋构成，如图 9-3 所示。

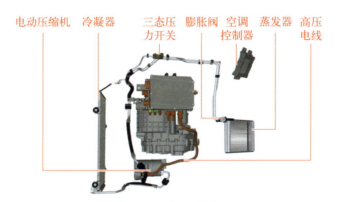

图 9-3　空调系统

如图 9-4 所示，涡旋压缩机的压缩吸气部分由定涡盘与动涡盘相互挤压完成，定涡盘与动涡盘相互错开 180°安装在一起，在动涡盘旋转时两个部件之间的气隙发生变化，进而形成了吸气、压缩和排气的过程。涡盘与线圈实物如图 9-5 和图 9-6 所示。

图 9-4　涡旋压缩机原理

图 9-5　涡盘实物

图 9-6　线圈实物

电动汽车压缩机使用的冷冻油与传统燃油车使用的冷冻油是不一样的，需要专用冷冻油，如图 9-7 所示，因为电动压缩机的内部线圈都泡在冷冻油中，直接和冷媒接触，而传统燃油车使用的冷冻油绝缘性能差，如果使用了燃油车的冷冻油则会导致车辆出现绝缘故障。

二、新能源汽车制热系统

因为新能源汽车没有发动机预热来制热，因此使用了两种制热方案：一种是 PTC（正温度系数热敏电阻）；另一种是热泵技术。

图 9-7　专用冷冻油

PTC 泛指温度系数很大的半导体材料或者元器件，简单说就是给电阻通电，电阻本身会发热，而发热后阻值变大，阻值变大后 PTC 就会限制电流流过，进而减小发热量，所以说 PTC 本身是一个恒温的发热元器件。在国内，大部分新能源汽车使用的是 PTC 制热，但是使用 PTC 制热也有两种方案：一种是使用 PTC 直接加热空气，这种方案效率高，但是存在高压电，会给驾驶舱带来安全隐患，因此大部分车型使用的是另一种方案，即以水为介质，PTC 通过加热水后将热水送入驾驶舱的加热芯，再经鼓风机把暖风吹向车厢内，如图 9-8 和图 9-9 所示。

图 9-8　电液 PTC

图 9-9　PTC 加热器

PTC 制热系统最大的不足就是耗电，从而影响纯电动汽车的续航里程，特别在寒冷的冬天。以一个 2kW 的 PTC 为例，全功率工作 1h 就耗电 2kW，一般电动汽车百公里耗电为 15kW·h，那么 2kW·h 的电量就将损失约 13km 的续航里程。这将导致很多北方车主抱怨电动汽车的续航缩水严重，如图 9-10 和图 9-11 所示。

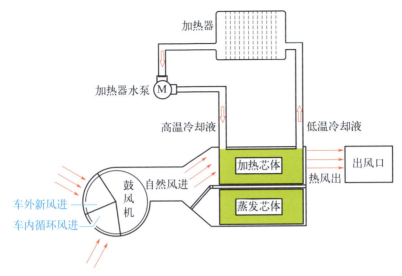

图 9-10　直接加热空气型 PTC

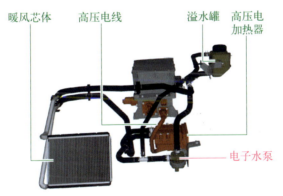

图 9-11　电液式 PTC 加热

三、电池包热管理系统构成

由于锂离子结构材料的特殊性，温度过低或过高都会造成电池性能严重下降。当电池温度过低时会导致锂离子电池内部化学反应变慢，进而导致锂离子电池放电电流变小，这也是为什么锂离子电池在低温下 SOC 会变小的原因。在寒冷的北方，电动汽车因为天气寒冷会导致续航严重缩水，在 -20℃ 的时候，电池内部电解液已经开始出现凝固（通俗地说就是结冰）。如果在这个时候充电也会导致电池损坏，所以低温会导致无法充电，要想充电就得先给电池加热。在高温下，由于锂离子电池由石墨材料制作，如果温度过高会导致电池内阻上升，又因为电池内阻增大，所以在放电的时候以及充电的时候温度会进一步上升，当温度上升至某一临界值时，会导致电池内部的隔膜熔化，进而导致电池正负极短路，这样电池就会出现热失控，最后失火。

所以通过以上分析，电池的温度控制非常重要，一般锂离子电池的工作温度在15～45℃之间最佳，进而在动力电池上面会有一套热管理系统。

1. 风冷加PTC加热热管理技术

在部分低端车上的电池热管理系统采用的是风冷降温、PTC加热的组合来实现电池的热管理。如图9-12所示是丰田普锐斯的电池风冷散热，电池包安装在车辆后排座椅后方，风冷系统通过安装在C柱附近的进风口、后备厢的出风口以及一个风机来为电池进行散热，风机工作时冷空气由进气口吸入，经鼓风机后进入电池包底部，经过电池模组从电池包上方汇集后经出风口排出。采用这种结构的车辆在维护时，一定要注意空气进出口是否被异物堵塞，否则会造成电池温度过高报警。

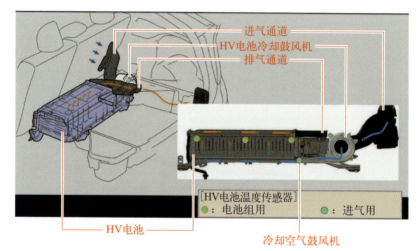

图9-12 丰田普锐斯的电池风冷散热

在电池加热方面，一般都是在模组之间或者模组上面覆盖或者夹上PTC制热片。如果需要对电池加热，直接给电池包内部的PTC加高压直流电就可以实现。值得一提的是，即便使用了先进的热泵系统，目前电池包基本也都有PTC加热，这是为了应对极寒天气下对电池包的快速加热，如图9-13所示。

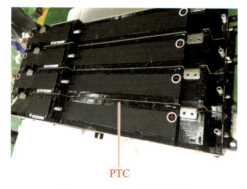

图9-13 PTC电池加热

2. 比亚迪热管理技术

比亚迪新能源汽车使用的热管理技术是具有代表性的，也是很多新能源汽车普遍使用的热管理技术。该热管理技术可实现车内制冷、电池直冷和电池 PTC 加热。

（1）车内制冷　当车内需要制冷的时候，电动压缩机启动，将冷媒泵至冷凝器，经电磁阀到热力膨胀阀，进入蒸发箱给车内降温，最后回到压缩机。在这个循环中与普通制冷系统无区别。

（2）电池直冷　当电池温度较高，需要散热的时候，电动压缩机启动，将冷媒泵至冷凝器，经电子膨胀阀进入板式热交换器给冷却液降温，最后返回压缩机。在这个循环中板式热交换器扮演的角色与蒸发箱类似，只不过是给冷却液降温。降温后的冷却液经电子水泵泵至电池包内部水道，给电池包降温。

（3）电池 PTC 加热　当电池包温度低于 5℃ 的时候，开启 PTC 加热模式。PTC 开始加热冷却液，经四通阀后由电子水泵泵入电池包，给电池包加热，当温度高于 10℃ 后加热系统停止工作。

比亚迪电池热管理结构框图如图 9-14 所示。

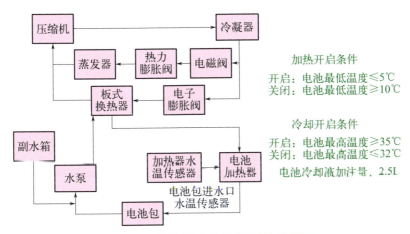

图 9-14　比亚迪电池热管理结构框图

第十课时
热泵技术与热泵系统

重点知识

1. 热泵系统工作原理。
2. 比亚迪热泵系统运行逻辑。

PTC 制热系统的作用是将电能转化为热能，这个过程是制造能量，在极致情况下也只能实现 100% 的能量转换，即消耗 1J 的电能最多只能制造出 1J 的热量；而热泵是"搬运"能量，理论上可以使用 1J 的能量搬运大于 1J 的热量，从而在耗电方面大大节省。

如图 10-1 所示，热泵的基本原理与家用空调基本一样，低沸点的制冷剂在经过节流阀后减压蒸发，从温度较低处吸热，再经压缩后将蒸气温度升高送入冷凝器，放出吸收的热量进而液化，再次回到节流阀处吸热。如此循环工作便能源源不断地将热量从温度较低的地方转移至温度较高的地方。而热泵实际指的就是压缩机，整个冷媒循环线路与制冷系统基本一样，只不过通过电磁阀改变了冷媒的流向，使得室内的蒸发箱与室外的冷凝器可以实现功能切换。

一、比亚迪热泵技术

比亚迪热泵技术是全新热泵技术的代表，它是一种充分利用低温区热能的高效节能装置。热泵的工作原理是以逆循环的方式迫使热量从低温物体流向高温物体，它消耗少量的逆循环做功，就可以得到较大的供热量，可以有效地把难以利用的低温热能利用起来，以达到节能的目的。

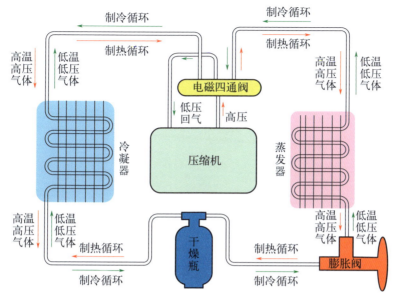

图 10-1　热泵基本原理

该热泵技术无论制冷还是制热，都需要压缩机参与工作，压缩机最大功率 6kW。系统使用冷媒作为介质，使用 R134s 型制冷剂。因为热泵系统管路复杂，所以增加了多个电磁阀来控制，并且热泵系统使用了低压 PTC 作为辅助制热，PTC 最大制热功率为 1kW。

使用该热泵技术的车型可做到电池直冷直热、非极低温环境减低空调能耗，极低温环境使用低压 PTC 低效产生热能。

比亚迪热泵系统的组成如图 10-2 所示，其系统布局如图 10-3 所示，其系统管路如图 10-4 所示。

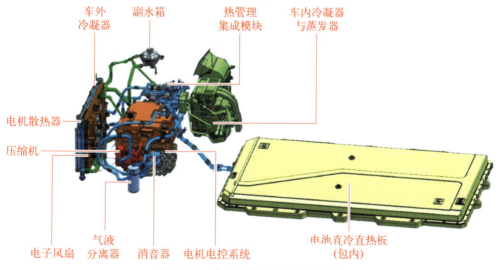

图 10-2　比亚迪热泵系统的组成

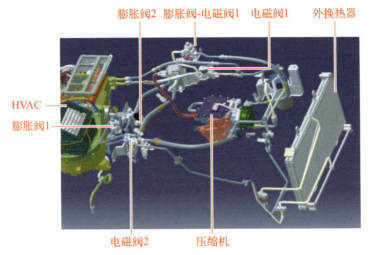

图 10-3 比亚迪热泵系统布局

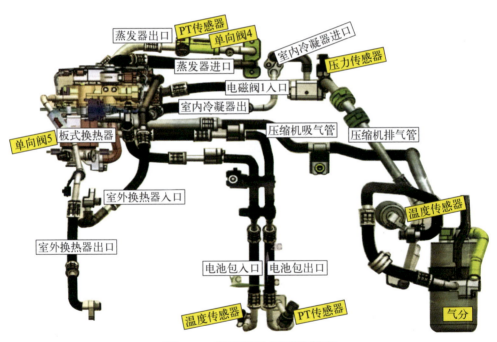

图 10-4 比亚迪热泵系统管路

如图 10-5 所示是比亚迪的热管理集成模块，图中蓝色数字标注的为电磁阀，红色数字标注的为电子膨胀阀。

图 10-5 比亚迪的热管理集成模块

1—电池加热电磁阀；2—电池冷却电磁阀；3—空气换热电磁阀；4—水源换热电磁阀；5—空调采暖电磁阀；6—空调制冷电磁阀；7—制冷电子膨胀阀；8—采暖电子膨胀阀；9—电池双向电子膨胀阀

二、比亚迪热泵系统运行逻辑

下面介绍比亚迪热泵空调在不同工况下的工作原理以及冷媒流向和电磁阀工作状态。

（1）空调采暖

当车辆低温行驶（或停止）时，打开空调系统采暖，热泵空调系统开启电动压缩机，采暖电子膨胀阀工作，水源换热电磁阀及空调采暖电磁阀均打开，制冷剂通过车内冷凝器放热，通过板式换热器吸收驱动电机、电机控制器等电驱动单元的热量。极低温情况下，可以开启PTC加热器辅助加热，提高热泵空调的适用温度范围。

空调采暖时，制冷剂的流动路线为：压缩机→车内冷凝器→采暖电子膨胀阀→水源换热电磁阀→板式换热器→空调采暖电磁阀→气液分离器→压缩机。如图10-6所示。

在这一工作循环中，采暖电子膨胀阀开启工作，水源换热电磁阀和空调采暖电磁阀打开。

（2）电池加热

当低温环境下充电时，为缩短充电时间，或者是车辆低温行驶时，为改善低温下整车的动力性，热泵空调工作对动力电池直接进行加热。此时，电池电子膨胀阀开启工作，电池加热电磁阀、水源换热电磁阀和空调采暖电磁阀均打开，制冷剂通过板式换热器吸收电驱动单元余热，加热动力电池包换热器。

电池加热时，制冷剂的流动路线为：压缩机→电池加热电磁阀→电池包换热器→电池电子膨胀阀→单向阀1→水源换热电磁阀→板式换热器→空调采暖电磁阀→气液分离器→压缩机。如图10-7所示。

在这一工作循环中，电池电子膨胀阀开启工作，电池加热电磁阀、水源换热电磁阀和空调采暖电磁阀打开。

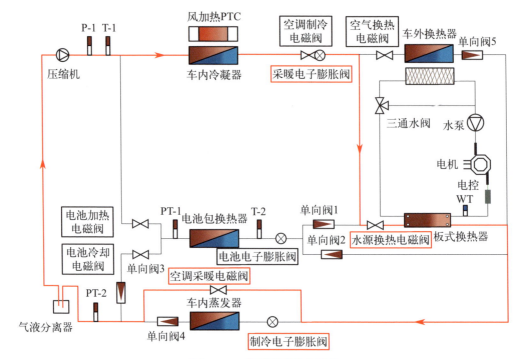

图 10-6　空调采暖原理图

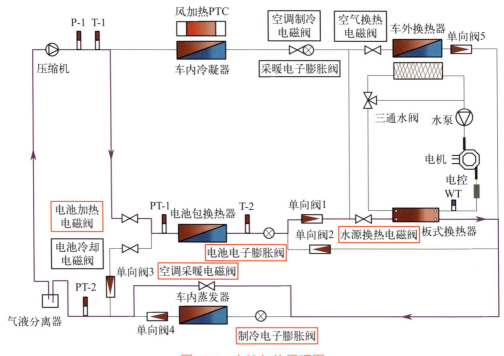

图 10-7　电池加热原理图

（3）空调采暖和电池加热

如图 10-8 所示，在室内采暖和电池加热需要同步进行时，冷媒的流向就有两路线，即采暖膨胀阀与电池加热电磁阀同时打开，一路冷媒经车内冷凝器出来后由采暖电子膨胀阀到达水源换热电磁阀处；另一路冷媒经电磁加热电磁阀流向电池包换热器，又经过电池膨胀阀和单向阀后与上一路冷媒在水源换热电磁阀处汇集。在板式换热器内部蒸发吸热后经空调采暖电磁阀流向气液分离器，最后进入压缩机，再进行下一循环。

在这一工作循环中，采暖电磁阀和电池电子膨胀阀开启工作，水源换热电磁阀、空调采暖电磁阀和电池加热电磁阀打开。

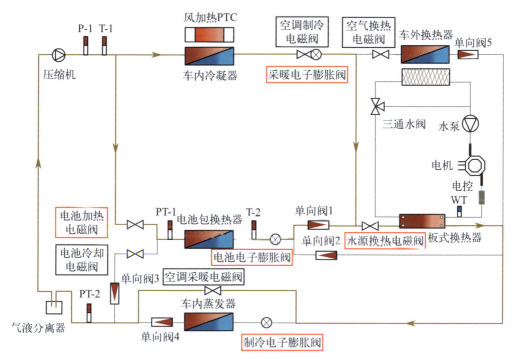

图 10-8　空调采暖和电池加热原理图

（4）电池冷却

如图 10-9 所示，在电池充电工况下因为充电功率大，为了使电池处于最佳的充电工作状态，防止电池在充电过程中温度过高，限制了充电功率，可利用热泵系统对电池进行冷却降温。同时为了在行驶时防止电池温度过高，限制充电功率，也可利用热泵系统对电池进行冷却降温。

动力电池冷却时，制冷剂的流动路线为：压缩机→车内冷凝器→空调制冷电磁阀→空气换热电磁阀→车外换热器→单向阀 5→单向阀 2→电池电子膨胀阀→电池包换热器→电池冷却电磁阀→单向阀 3→气液分离器→压缩机。

在这个循环中，电池电子膨胀阀开启工作，空调制冷电磁阀、空气换热电磁阀和电池冷却电磁阀均打开。

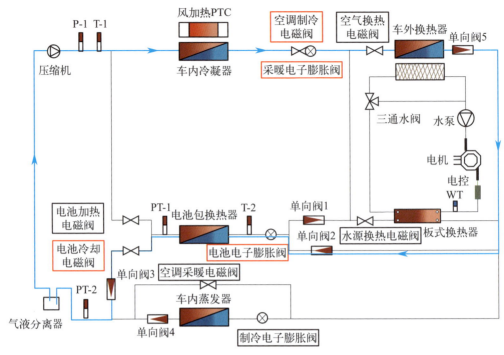

图 10-9 电池冷却原理图

(5) 空调制冷 + 电池冷却

如图 10-10 所示，在温度较高的夏天行驶时，除了室内需要降温外，电池同样也需要降温，此时就需要两套冷媒回路。

在原来电池冷却的基础上，再打开制冷电子膨胀阀，让部分冷媒经车内蒸发箱蒸发后流向单向阀4，与电池扇热的冷媒在气液分离器处汇合，最终进入压缩再进行下一个工作循环。

在该工作状态下，电池电子膨胀阀和制冷剂电子膨胀阀开启，空调制冷电磁阀、空气换热电磁阀和电池冷却电磁阀打开。

(6) 空调加热 + 电池冷却

如图 10-11 所示，在冬季电池大功率充电时需要冷却，而车内等待的乘客需要制热，此时就需要同时给电池降温和车内升温。

在系统工作时，冷媒经压缩机压缩后流向车内冷凝器，车内鼓风机工作，获得热风。冷媒从车内冷凝器出来后，经过空调制冷电磁阀，通过水源换热电磁阀流向板式换热器，从板式换热器出来后经单向阀2流向电池电子膨胀阀，在电池电子膨胀阀雾化后给电池包换热器内部冷却降温，并经电池冷却电磁阀和单向阀3流向气液分离器，最后回到压缩机，进入下一个循环。

在这个工作循环中，电池电子膨胀阀开启工作，空调制冷电磁阀、电池冷却电池阀和水源换热电磁阀打开。

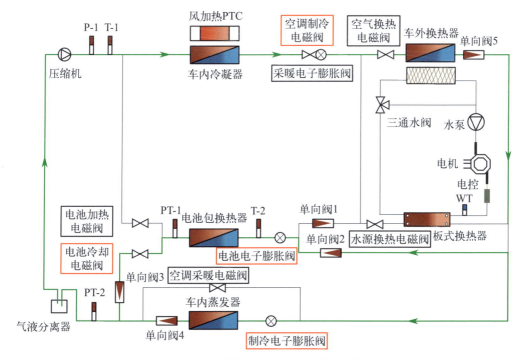

图 10-10 空调制冷 + 电池冷却原理图

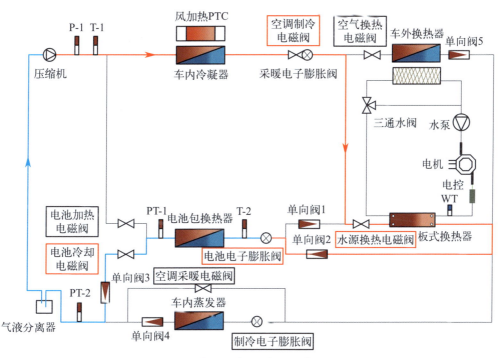

图 10-11 空调加热 + 电池冷却原理图

比亚迪空调系统运行逻辑如表 10-1 所示。

表 10-1　比亚迪空调系统运行逻辑

空调系统运行逻辑	电池加热电磁阀	电池冷却电磁阀	空调制冷电磁阀	水源换热电磁阀	空调换热电磁阀	空调采暖电磁阀	制冷电子膨胀阀	采暖电子膨胀阀	电池双向电子膨胀阀
空调采暖				工作		工作		开启	
电池加热	工作			工作		工作			开启
空调采暖+电池加热	工作			工作		工作		开启	开启
空调制冷			工作		工作		开启		
电池冷却		工作	工作		工作				开启
空调制冷+电池冷却		工作	工作		工作		开启		开启
空调加热+电池冷却		工作	工作	工作					开启

在热泵系统出现故障后，其基本电路和压缩机故障这里不再赘述，重点是在不同的工作模式下需要对比数据流来分析各个电磁阀的实际工作状态与目标工作状态是否一致，如果不一致可按照电路图检修。比亚迪海豚空调电路见附录。

第十一课时
高压控制器内部结构

重点知识

1. 高压电分配走向。
2. 高压保险测量方法。
3. 接触器测量方法。

前面已经介绍了电动汽车的整体布局，并且详细介绍了动力电池。动力电池的充电和放电都必须要经过一个高压配电箱、高压配电箱内部由接触器和熔丝构成，其目的是给用电器提供电能，充电的时候将由充电机和充电口来的直流电引入电池包进行充电。

在部分车型上高压配电箱（PDU）是一个独立的模块，在更多的车型上则与其他模块集成在一起。

一、高压电分配走向与高压保险及接触器检测

1. 高压电分配走向

如图 11-1 所示是江淮 iEV5 高压接线盒原理，通过原理图可以看到，主要用电器有电机控制器、DC（图中未标注）、电动压缩机、电加热器 1、电加热器 2，充电设备有车载充电机、直流充电插座。这些用电器和充电设备无一例外都连接至高压接线盒，高压接线盒通过两根直流母线与电池包总成连接，在电池包内部有 BDU 总成，BDU 内部安装了主正接触器、主负接触器、预充接触器、预充电阻、电流采样电路。如图 11-2 所示为高压配电箱的内部结构。

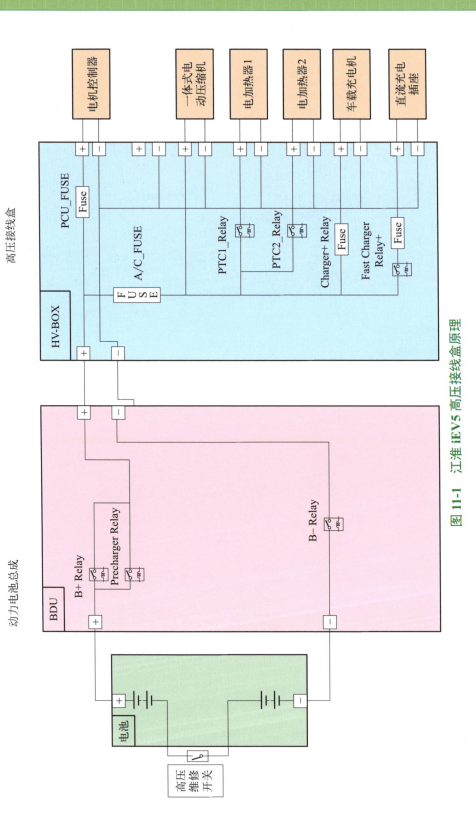

图 11-1 江淮 iEV5 高压接线盒原理

2.高压保险检测方法

如图11-3所示,高压保险的外观与12V保险区别很大,只是体积比较大。高压保险整体为陶瓷结构,在陶瓷体内部安装了熔丝,熔丝周围使用石英石填充。这种结构是为了防止保险在断开的时候出现电弧而引发火灾风险,所以填充在熔丝周围的石英砂起到灭弧作用。

图11-2 高压配电箱的内部结构

若高压保险熔断,则对应的部件将无法正常工作。例如空调压缩机的高压保险熔断,那么空调系统将无法工作。在确定了是因为没有高压电导致的压缩机不能启动,接下来需要打开高压接线盒并找到对应的高压保险,拆下后使用万用表的欧姆挡进行测量,判断是否导通,若不导通则应更换。

一般高压保险熔断都是后级负载出现故障导致的,应先排除后级用电器是否短路,否则直接更换保险会有继续熔断的风险。

3.高压接触器检测

高压接触器与12V燃油车继电器的工作原理基本类似,电路构成也是包含控制部分(12V低压控制)和触点部分(大电流通路)。不同的是,高压接触器考虑到了大电流、高电压,在高电压、大电流时触点断开的一瞬间会出现高温电弧,而高温电弧会造成接触器的触点烧坏,所以高压接触器内部使用了灭弧装置,以防止触点烧坏。在低压控制部分,部分接触器内部设计了控制电路板,因此很多接触器在使用时是分正负极的。比亚迪高压接触器外观如图11-4所示。

图11-3 高压保险

图11-4 比亚迪高压接触器外观

当怀疑有接触故障时,可以将接触器拆下来检测较为安全。检测时分为通电状态检测和断电状态检测。在低压断电状态的时候,使用万用表测量高压接线柱,正常应为阻值无穷大;在低压通电状态的时候,测量高压接线柱阻值,正常应接近0Ω。

二、比亚迪秦 EV300 高压控制器

比亚迪秦 EV300 在前机舱内部安装了一个高压电控总成，其内部集成了双向交流逆变式电机控制器（VTOG）、高压配电与漏电传感器、双向车载充电机、DC/DC 转换器，也可称为四合一控制器（配电箱），如图 11-5 和图 11-6 所示。

图 11-5　比亚迪秦 EV300 控制器　　图 11-6　比亚迪秦 EV300 控制器内部

如图 11-7～图 11-11 所示，比亚迪秦 EV300 高压控制器内部有铜排连接片、接触器、霍尔式电流传感器、预充电阻、动力电池正负极输入端，接触器由电池管理单元控制充放电。

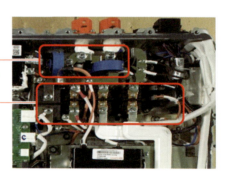

图 11-7　比亚迪秦高压控制器结构

三、奔腾 B50EV 高压控制器

奔腾 B50EV 的高压控制器（配电盒）是安装在车辆底盘上的，其位置如图 11-12 所示。高压控制盒的作用类似于燃油车低压供电系统的熔断器，高压控制盒功能包括：高压电能的分配、高压回路的过载及短路保护。

将动力电池总成输出的电能分配给电机控制器、空调压缩机和 PTC 加热器，此外交流慢充时，充电电流也经过分线盒流入动力电池为其充电。

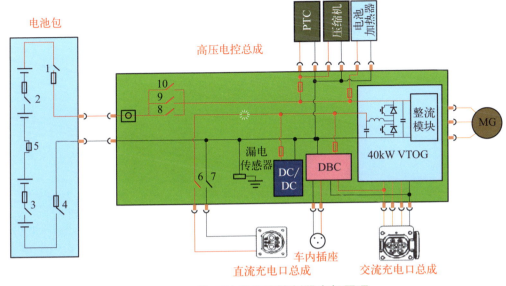

图 11-8 比亚迪秦高压控制器内部原理

1—正极接触器；2—分压接触器1；3—分压接触器2；4—负极接触器；5—维修开关；6—直流充电正极接触器；7—直流充电负极接触器；8—主接触器；9—充电接触器；10—预充接触器

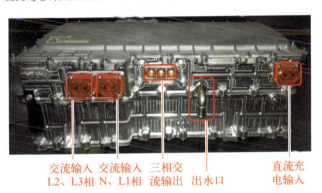

图 11-9 比亚迪秦高压控制器前端

图 11-10 比亚迪秦高压控制器右侧

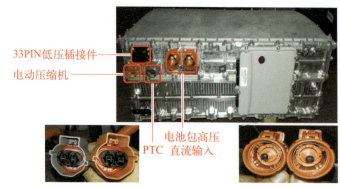

图 11-11　比亚迪秦高压控制器后端

高压控制盒内对电动压缩机回路、PTC 加热回路、交流慢充回路各设置一个 30A 的熔断器。当上述回路电流超过 90A 时，熔断器会在 15s 内熔断；当回路电流超过 150A 时，熔断器会在 1s 内熔断，保护相关的回路。

奔腾 B50EV 高压配电盒实物如图 11-13 所示。

图 11-12　奔腾 B50EV 高压控制器位置

图 11-13　奔腾 B50EV 高压控制器实物

第十二课时
高压绝缘故障诊断

重点知识

1. 数字兆欧表的使用方法。
2. 高压绝缘故障的判断。

新能源汽车使用了高压电驱动车辆,为了防止高压电对司乘人员的伤害,车上的高压电器电路与车壳是完全绝缘的,但是车辆的高压电气线路还有可能因为磨破导线绝缘皮或者高压电器进水导致高压系统与车壳之间短路,那么司乘人员就有触电的风险。为了解决这个问题,所有的新能源汽车都设计了高压绝缘监测系统,当系统检测到高压系统与车壳之间出现绝缘故障后就会立即下高压电,在高压绝缘故障恢复之前都禁止上电。

本课程一起来学习高压绝缘故障的维修与诊断方案。

一、数字兆欧表的使用

数字兆欧表是用来测量高压部件与车壳之间的绝缘性能的设备,数字兆欧表又分为机械式与电子数字式,一般在新能源汽车的维修上均使用数字兆欧表,如图12-1~图12-3所示。

数字兆欧表在工作时自身会产生高压电,而测量对象一般又是高压电气设备,所以必须严格按照标准使用,否则会造成人身或者设备故障。使用前,首先应该做好以下准备工作。

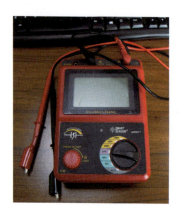

图 12-1 电子式数字兆欧表（一）

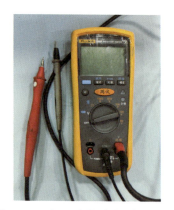

图 12-2 电子式数字兆欧表（二）

图 12-3 机械式数字兆欧表

测量前必须将被测设备电源断开，并对地做短路放电。禁止带电测量以保证人身和设备的安全。

对可能感应出高压电的设备，必须消除这种可能性后才能进行测试。

被测物体表面应该清洁，以减少接触电阻，才能保证测量结果精确。

测量前要检查数字兆欧表是否处于正常工作状态。

使用数字兆欧表时应将其放在平稳、牢固的地方，且远离大的外电流导体和外磁场。

做好以上准备工作后就可以准备测量了，在测量时还要注意数字兆欧表的接线是否正确，否则会引起不必要的误差甚至错误。

以福禄克数字兆欧表为例，其共有三个接线端子：分别为"Ω""绝缘""COM"，"COM"为公地，"绝缘"是我们常用的绝缘测试挡位，"Ω"为阻值测量挡位。在测量时需要将"COM"接入黑表笔，绝缘接入红表笔。在使用时需要将黑表笔接在设备壳体上，红表笔接在被测高压线路中，按下测试键等待屏幕显示一个稳定的数值，该数值即为该设备的绝缘阻值。

设备上面的电压一般根据被测设备的额定电压来选择，例如某电动汽车的额定电压为320V，那么我们应该选择高于320V的最近挡位，即500V挡位。请勿选择高于额定电压太多的挡位，这样会导致设备出现高压击穿故障。

如图12-4所示是高压线绝缘测试，使用数字兆欧表的红表笔测量高压导线内部导电金属，黑表笔接车辆金属壳体。按下表笔上的测试按键，等待数值稳定后，数值兆欧表显示数值为280MΩ。

另外还需要知道车辆的额定电压，根据绝缘最低标准500Ω/V的原则去计算车辆的最低绝缘电阻。例如：某车型的额定电压为300V，那么该车型的最低绝缘阻值为300V×500Ω/V=150000Ω=0.15MΩ，即该车型的最低绝缘电阻为0.15MΩ，如果车辆的绝缘电阻低于 0.15MΩ，那么车辆就一定会报绝缘故障且会导致车辆无法上电。

图 12-4　高压线绝缘测试

当然主机厂家的标定不同，其最低绝缘电阻也会不一样。在大部分情况下，主机厂留的冗余量比较大，其最低绝缘电阻一般都大于 20MΩ，并根据故障等级划分。在出现最高级别故障的时候才会限制车辆上电，在故障等级不高的时候（绝缘电阻还没有低于最低标准）车辆依旧可以上电，只是仪表盘会报警，亮绝缘故障灯。

二、高压绝缘故障的排除

当车辆出现绝缘故障后，轻者车辆限功率，重者导致车辆无法上电。在遇到这个故障的时候，首先要清楚整车的高压线路布局，然后读取数据流，观察目前的绝缘阻值。因为所有的高压部件都是并联状态的，而且是通过高压配电箱进行并联的，因此我们可以将数据流分成两部分分析。

1. 未上电时候数据流状态

如果未上电的时候数据流就已经显示绝缘阻值过低，那么根据该车型的高压线路布线图，观察未上电的时候有哪些部件是并联的，然后在高压配电箱中依次拔掉高压用电器的插头，并观察数据流变化。如果拔掉某一个高压用电器的时候数据流恢复正常，那么就是该高压用电器的线路或者内部故障导致的绝缘故障。

2. 上电时候数据流状态

如果没有上电的时候数据流显示绝缘阻值正常，那么车辆就可以上电，只不过上电瞬间就会因为检测到绝缘阻值过低而导致下电。因此可以根据具体车型的高压布线图，找到未上电时有哪些高压部件是处于并联状态的，同时在高压配电箱中依次拔下该用电器的高压连接线束，并使用数字兆欧表依次测量，直到找到绝缘故障的用电设备。

案例：荣威 Ei5 EV 不能上电故障

（1）车型信息　荣威 Ei5。

出厂日期：2019 年 1 月。

驱动电机型号：TZ204XS85K02。

驱动电机功率：85kW。

动力电池额定电压：350V。

动力电池额定容量：150A·h。

（2）故障现象　车主描述车辆出现偶发性无法上电，故障出现频率不高。偶尔出现故障现象后重新开关钥匙，又可以正常上电。

（3）故障码　P1B4100——高压系统绝缘故障（图 12-5）。

图 12-5　故障码

（4）故障诊断　首先在车辆没有上电的时候使用解码器进入整车控制器 VCU 来读取数据流，如图 12-6 和图 12-7 所示：高压系统的绝缘阻值为 4735kΩ，阻值没有异常。接着上电后读取车辆数据流，显示高压系统绝缘阻值为 500kΩ，阻值明显降低。但测量时能正常上电，行驶时并未出现下电故障，因为车辆是上高压电后出现的绝缘阻值降低，那么该车绝缘故障点就有可能是电池包内部或者外围高压部件。

图 12-6　未上电数据流

图 12-7　上电数据流

如图 12-8 所示，经分析，整车所有的高压用电器和充电设备都是经过高压配电单元进行输出与输入的，接下来使用数字兆欧表对所有的高压连接器插头进行检测，判断是哪一路高压电路引起的绝缘故障。

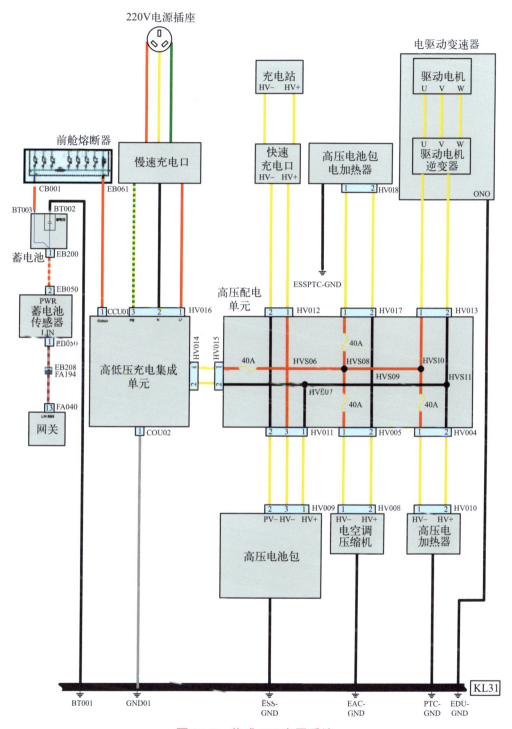

图 12-8 荣威 Ei5 高压系统

经过测试,如图12-9所示:每一路的绝缘阻值都为500MΩ,说明所有的高压设备的绝缘阻值都是正常的,那么导致绝缘故障应该只有电池包本身了。

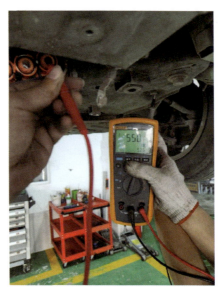

图12-9 高压绝缘测试

在拆卸并分解电池包后,使用万用表依次测量每个连接线与电池包壳体之间的电压来判断哪个电池模组存在漏液、漏电故障。

如图12-10所示:图中 C-D 之间的模组存在漏液故障,电池与电池包壳体之间出现绝缘故障,那么使用万用表测量 A 点与电池包壳体之间的电压会在40V以上,测量 B 点电压会在20V以上,测量 C 点电压应该在20V以下,测量 D 点电压会20V以下,测量 E 点电压会在20V以上,并且 C 点电压加 D 点电压会在20V。根据这个原理就可以快速在电池包里面找到哪一个模块漏电,而无须将整个电池包全部分解,如图12-11和图12-12所示。

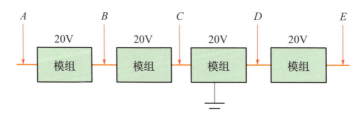

图12-10 电池包漏电检测

根据上面的测量方法,可以快速定位损坏的模组并更换一个全新的模组。在安装全新模组时,需要将新模组的电压均衡至与原车其他模组一样的电压方可安装。

图 12-11 故障电池包

图 12-12 漏液的电池模组

第十三课时
高压绝缘故障案例

重点知识

1. 绝缘故障诊断流程。
2. 压缩机绝缘故障诊断。

一、2018年款奇瑞小蚂蚁EQ1高压绝缘故障

（1）车型信息　奇瑞EQ1。
出厂日期：2018年5月。
驱动电机型号：2103AAT。
动力电池额定电压：350V。
（2）故障现象　客户反应该车突然出现无法上电，经拖车救援后进厂维修。
（3）故障码
P1B07：放电回路严重漏电故障。
P1B08：充电回路严重漏电故障。
U0100-87：与EME/VCU模块失去通信。
U0101-87：与VCU模块失去通信。
其中与VCU通信的故障码是可以清除的，同时也可以进入VCU读取数据，因此导致该车不能上电的主要故障是漏电故障。通过图13-1可知，奇瑞EQ1的高压线路基本都是通过接线盒分出来的，只有充电接口是独立的。

当车辆出现绝缘故障的时候,其故障点一定是某一个高压用电器或者是高压线路。目前最快的解决方法是在接线盒的位置拔下高压插接件并观察数据流变化,如果恢复了,那故障点就是该部件故障。

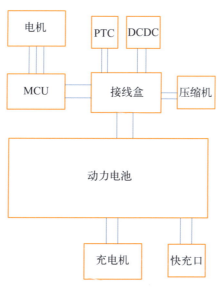

图 13-1　奇瑞 EQ1 高压系统

如图 13-2 所示,在车辆上电后读取绝缘电阻为 150kΩ,明显过低,接下来依次拔下高压用电器,如图 13-3 所示。当拔到电动压缩机后绝缘阻值恢复正常,如图 13-4 和图 13-5 所示。

图 13-2　上电后绝缘电阻

图 13-3　拔下电动压缩机高压插头

故障解决方案:更换一个全新的电动压缩机,并按规定加入指定的冷冻油,再抽真空加注冷媒,车辆故障得以解决(图 13-5)。

图 13-4　无电动压缩机的绝缘电阻

图 13-5　更换压缩机后上电

二、绝缘故障维修总结

通过上面两个案例分享，总结出绝缘故障大致为电池包内部与电池包外部两大类。电池包内部一般为进水和电池漏液导致的绝缘故障。电池包外部故障率较高的为电动压缩机和 PTC，电动压缩机故障大部分都是加错冷冻油导致的绝缘故障。因此以后在维修新能源汽车的空调系统时需要注意冷冻油的使用。

当车辆出现限功率或者无法上电故障时，应首选读取故障码，如果发现有绝缘类的故障码，应按照绝缘故障维修。

第一步，要熟悉该车型的高压电路结构，清楚高压系统中有哪些用电器以及充电器。接下来在没有上电的情况下读取数据流，观察并分析当前的绝缘电阻是多少，如果太低，就对照高压电路图，分析有哪些用电器或者充电设备在没有上电的时候系统是可以检测到绝缘阻值的，这样可以快速判断出故障范围。如果未上电的时候绝缘阻值正常，那么可以尝试上电读取绝缘电阻，如果上电瞬间绝缘电阻快速下降并上电失败，那么故障范围应该在上电时候涉及的高压用电器。

第二步，已经确定了大致的方向后，需要使用数字兆欧表对怀疑的部件进行测量，找到故障点并更换。

第十四课时
高压互锁原理与结构

重点知识

1. 高压互锁的作用。
2. 常见车型高压互锁电路分析。

一、高压互锁的作用

　　设置高压互锁的目的是防止车辆高压插接件被拔下后高压系统仍旧有电，这样在维修作业或者使用车辆时就有触电风险。因此部分车型的高压电控单元同样设置了开盖互锁，即打开高压控制盒的上盖，系统同样可以检测到并下高压电。因此开盖互锁的目的是为监测高压插接件是否可靠插牢以及高压控制盒上盖是否被打开，如果高压插接件没有插牢或者拔下以及高压控制盒上盖被打开，系统将会下电，车辆无法上高压电。这种设计还有一个作用，即高压插接件没有接触牢靠，系统同样会认为高压互锁断开从而禁止上高压电，这样就避免了高压插接件接触不良导致的高压插接件烧蚀。

　　如图 14-1 所示是常见的高压互锁，图中箭头所指位置就是高压互锁端子，这两个端子是导通的。

　　如图 14-2 所示是控制器端的高压插头，控制都有低压插接件，图 14-2 中的高压互锁与控制器内部的低压插接件连接，高压插接件的另外一端是一个短接片，如果插上高压插接件，控制器上的两个高压互锁端子将会导通，如果拔下高压插接件，那么控制器上的两个高压互锁端子就会断开。

图 14-1 常见的高压互锁

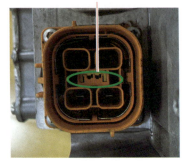

图 14-2 控制器端的高压插头

在整车设计的时候一般会设计一条或者多条高压互锁线路，一般由整车控制器或者 BMS 输出一个高压互锁导线，经各个控制器的高压插头，短接后再回到整车控制器或者 BMS。如果中间有某一个高压插接件断开，那么整车控制器或者 BMS 就无法收到输出的信号电压，那么整车控制器或者 MBS 就判断高压互锁断开，此时车辆下电并无法上高压电。比亚迪 E5 高压互锁电路如图 14-3 所示。

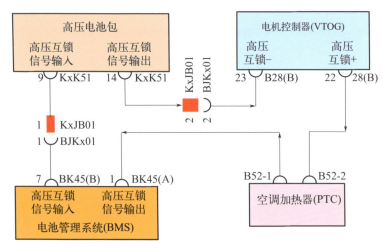

图 14-3 比亚迪 E5 高压互锁电路

在设计高压互锁时，除了有硬件互锁外还有软件互锁，软件互锁在现在很多高端电动车上已经有应用的案例，例如比亚迪汉就同时使用了硬件互锁与软件互锁。软件互锁省略了线路的布局。

软件互锁的判断逻辑是：在车辆上电的时候首先闭合主副接触器、再闭合预充接触器。在闭合预充接触器后各个高压部件内开始监测模块的高压电压，在预充结束后如果某个模块内监测到的高压电压低于电池包总电压的 1/2，则可判断该高压部件高压线路为开路,即执行软件互锁。

二、比亚迪唐高压互锁结构

如图 14-4～图 14-7 所示,比亚迪唐的高压互锁分为结构互锁和功能互锁。结构互锁为主要高压插接件均带有互锁回路,当其中的某个插接件被带电断开时,动力电池管理单元便会检测到高压互锁回路存在断路,为了保护人员安全,将立即进行报警并断开高压回路电气连接,同时激活主动泄放功能。功能互锁指当车辆在进行充电或者插上充电枪时,高压电控系统会限制整车不能通过自身驱动系统驱动车辆,以防止可能发生的线束拖拽或者安全事故。

这里提到的主动泄放指的是驱动电机控制器中含有主动泄放回路,当检测到车辆发生较大碰撞或者高压回路中某处插接件存在断开的状况时,或者高压电控系统存在开盖情况的时候,主动放电回路能在 5s 内把预充电容的电压降低至 60V 以下,迅速释放危险电能,最大限度保证人员安全。

在驱动电机控制器、空调驱动控制器内部含有高压电控产品的车辆还同时设计有被动泄放回路,2min 内能把预充电容的电压降低至 60V 以下。被动泄放作为主动泄放失效后的二重保护。

图 14-4 比亚迪唐的高压互锁(一)

图 14-5 比亚迪唐的高压互锁(二)

图 14-6 比亚迪唐的高压互锁(三)

图 14-7 比亚迪唐的高压互锁(四)

比亚迪唐的重要高压电控部件均设置有开盖互锁，如图14-8和图14-9所示，当发现这些部件的盖子在整车高压回路连通的情况下打开时，会立即进行报警，并断开高压主回路电气连接，并激活主动泄放。

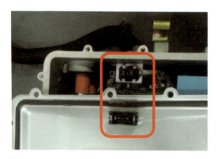

图14-8 比亚迪唐的开盖互锁（一）

图14-9 比亚迪唐的开盖互锁（二）

由图14-10～图14-12可以看出，比亚迪唐的高压互锁有两套。

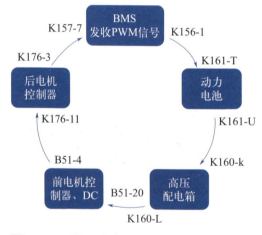

图14-10 比亚迪唐的高压互锁连接（一）

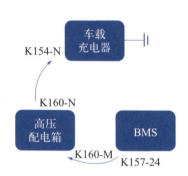

图14-11 比亚迪唐的高压互锁连接（二）

第一套：BMC→电池包→配电箱→前电机控制器DC→电池加热器→前PTC驱动器→BMC。

在这套互锁电路中，BMC发出的是PWM信号，经过所有高压部件后回到BMC，如果电路出现短路，那么BMC无法收到原来发出的PWM信号，就会认为高压互锁开路。

第二套：BMC→后电机控制器→后PTC驱动器→OBC。

在这套互锁电路中，BMC输出的是一个高电平，经过所有高压部件后在充电机侧搭铁，此时BMC检测到高电平被拉低，认为互锁正常。如果互锁电路开路，那么BMC就会检测到一个高电位，系统认为互锁断开。

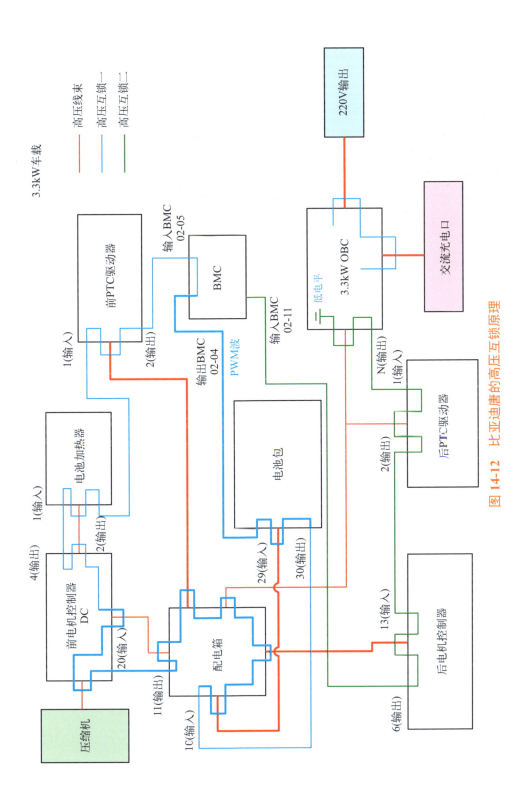

图 14-12 比亚迪唐的高压互锁原理

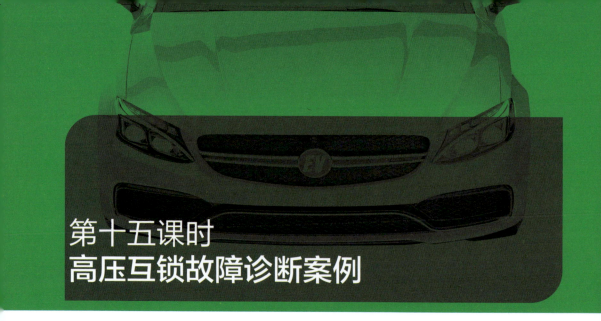

第十五课时
高压互锁故障诊断案例

重点知识

1. 广汽传祺 GA3S 混合动力车型高压互锁故障诊断。
2. 2017 年款吉利帝豪 EV300 高压互锁故障诊断。

一、广汽传祺 GA3S 混合动力车型高压互锁故障诊断

这里以传祺 GA3S 混合动力车型的厂家培训为例,分享高压故障诊断流程与步骤。当车辆出现高压互锁故障后仪表会提示:"系统故障,联系维修",而且车辆无法启动,不能上高压电。读取系统故障码会有关于"高压互锁开路"的故障信息,那么我们就按照本章的维修思路进行故障分析。

如图 15-1 所示,该车型的高压互锁的主回路是由高压互锁继电器提供 12V 电压出来后分两路:一路是通过电阻器→压缩机→ IPU → PTC ACP → PTC →充电机→ HVH →动力电池管理器→整车控制器;另一路由高压互锁继电器出来又直接到加速度传感器,再到动力电池管理系统控制单元。而高压互锁继电器由整车控制器控制。

当出现高压互锁故障后可按照以下步骤由易到难处理。

❶ 检查前机舱电器盒内部的 EF1、EF16 保险及 ER5 继电器是否有故障。

❷ 检查动力电池手动维修开关安装状态(无脱落)。

❸ 检查动力电池系统:使用万用表检测 BMS 的 BD30-16 插针是否有 12V 电压;如果有电压说明 HVH 这条回路是正常的;接着测量 BD30-2 是否有 12V 电压输出,如

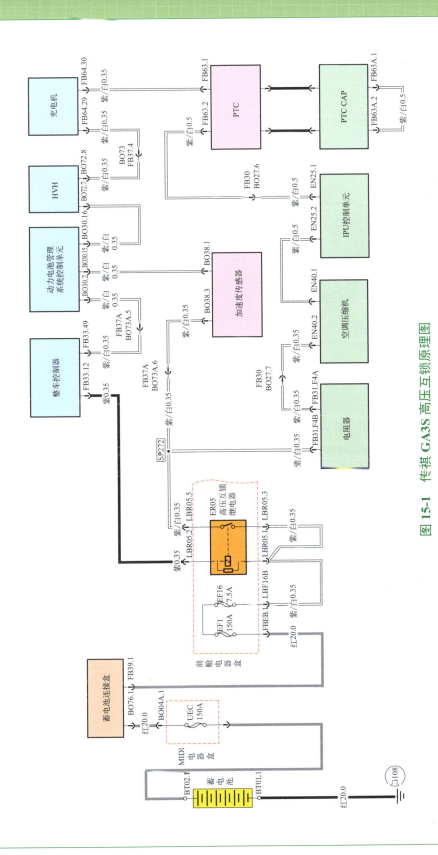

图 15-1 传祺 GA3S 高压互锁原理图

果有电压说明 BMS 正常，如无则需要检查该插接件与 BMS。

❹ 检查电阻器：如图 15-2 和图 15-3 所示位置找到电阻器后测量 FB31-F4B 端子是否有电压，若无电压则检测继电器过来的线路，若有电压则检测 FB31-F4A 端子是否有电，若有电表明电阻正常，若没电表明电阻故障。

图 15-2　电阻实物　　　　　图 15-3　电压检测电路

❺ 检查空调压缩机：如图 15-4 和图 15-5 位置找到电动压缩机，测量 EN40-2 端子是否有 12V 电压，有电压说明从电阻器过来的线路没有问题；反之检查从电阻器过来的线路。测量 EN40-1 端子是否有 12V 电压，有电压说明压缩机没有问题，没有电压说明压缩机故障。

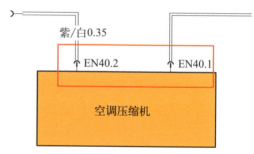

图 15-4　空调压缩机　　　　　图 15-5　空调压缩机检测电路

❻ 检查 IPU 控制单元：如图 15-6 和图 15-7 所示位置找到 IPU 模块，测量 EN25-2 插头是否有 12V 电压，若无电压则检查压缩机至 IPU 模块线路；若有电压则测量 EN25-1 插头是否有 12V 电压，若有 12V 电压说明 IPU 模块正常，防止 IPU 模块故障。

❼ 检查 PTC：如图 15-8 和图 15-9 所示位置找到 PTC 模块，测量 FB63-2 端子是否有 12V 电压，若无电压则检查 IPU 至 PTC 之间的线路；若有电压则检查 FB63-1 端子是否有 12V 电压，若无电压则检查 FB63A 的 1 号端子与 2 号端子是否正常，若正常表明 PTC 故障，若不正常则修复。

图 15-6　IPU 模块

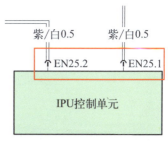

图 15-7　IPU 模块检测电路

图 15-8　PTC 模块

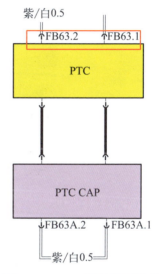

图 15-9　PTC 模块检测电路

❽ 检查充电机：如图 15-10 和图 15-11 所示位置找到充电机，并测量 FB54-30 端子是否有 12V 电压，若没有 12V 电压则检测充电机至 PTC 之间的线路；若有 12V 电压则检测 FB54-29 端子是否有 12V 电压，若没有 12V 电压说明充电机内部故障，若有 12V 电压说明充电机没有故障。

❾ 检查 HVH：如图 15-12 和图 15-13 所示位置找到 HVH，并测量 BD72-8 针脚是否有 12V 电压，若无 12V 电压则检查 HVH 至充电机之间的线路；若有 12V 电压则检查 BD72-7 针脚是否有 12V 电压，若无电压则说明 HVH 内部故障。

根据传祺 GA3S 高压互锁检修思路，可以总结出当车辆出现互锁故障的时候，需要先分析电路图，看看高压互锁的电路结构，再结合前面的检修方法来找到故障点。每一个高压部件都可以通过在低压端子测输入输出时是否都正常来判断高压互锁故障是不是由该部件导致的。

图 15-10　充电机

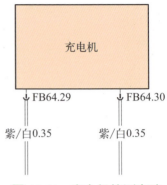

图 15-11　充电机检测电路

图 15-12　HVH 位置

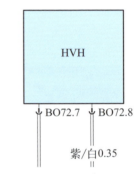

图 15-13　HVH 检测电路

二、2017 年款吉利帝豪 EV300 高压互锁案例分析

（1）车型信息　帝豪 EV300。
出厂日期：2017 年 2 月。
驱动电机型号：TM5028。
电池电压：346V。
电池容量：120A·h。

（2）故障现象　一辆 2017 年款的吉利帝豪 EV300 纯电动车行驶 5 万千米，客户抱怨该车仪表故障灯点亮，车辆无法上电。维修人员接手后挡位位于 P 挡，方向盘可以解锁，踩下制动踏板，一键启动指示灯由橙色变为绿色，按下点火开关，仪表未显示"READY"，同时组合仪表系统故障灯点亮，说明车辆电控系统存在故障。

（3）故障分析　当挡位位于 P 挡，并踩下制动踏板，再按下一键启动开关，方向盘解锁，一键启动按键灯由橙色变为绿色，说明 PEPS 工作正常，整车能上低压电。整车控模块 VCU 已经采集到 P 挡信号，但是车辆没有上电的痕迹，仪表未显示"READY"。

吉利帝豪 EV300 车型在请求上电的时候，整车控制模块也会发出指令让各个高压模块自检（包括漏电、互锁），检测后反馈至整车控制模块，如果不满足上电要求，便将故障信息以故障码的形式存入整车控制模块。

（4）故障码分析　使用诊断仪读取整车控制单元的故障码为：P0A0A11，含义为 VCU 高压互锁断开；P105763，含义为准备充电过程中高压互锁检测超时。结合当前故障现象与故障码分析，怀疑是高压互锁线路故障或者高压元器件故障导致的车辆无法上电。

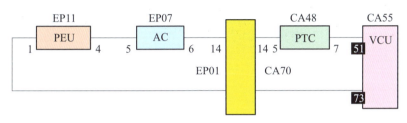

图 15-14　帝豪 EV300 高压互锁原理

从图 15-14 所示的高压互锁原理可以看出，帝豪 EV300 的高压互锁回路是由 VCU 输出后经 PTC、AC、PEU 最后回到 VCU 中。VCU 内部通过 CA55 端子的 73 号针脚输出 5V 电压信号，该信号流经各个高压部件，最后被 VCU 的 CA55 插头的 51 号端子接收。当高压互锁回路断开或者损坏的时候，说明存在触电风险，VCU 不允许高压电池包的相关接触器吸合，所以车辆不能上高压电。

（5）故障诊断　首先根据电路原理图找到中间的插接件，测量插头 EP01 插头的 14 号端子和 4 号端子之间的电阻，测量结果为∞，标准电阻应该小于 2Ω，说明这段导线开路，那么故障点就在这里了。

接着找到 PEU 模块，测量 PEU 模块的 EP11 插头的 1 号端子和 EP01 插头的 14 号端子，并测量之间的电阻为 0.3Ω，正常。

测量 PEU 模块的 EP11 插头的 1 号端子和 EP01 插头的 1 号端子，并测量之间的电阻为 0.7Ω，正常。

至此只有 PEU 内部故障了，因此测量 PEU 的 EP11 插头的 1 号端子与 4 号端子之间的电阻为∞，说明故障点在电机控制器 PEU 内部。

（6）故障排除　更换新的电机控制器，进入车辆并踩下制动踏板，按下点火开关，仪表显示"READY"，车辆上电正常，故障排除。

（7）总结　在维修吉利帝豪 EV300 车型的互锁故障时，使用的是测量电阻的方式来判断互锁线路开路点在哪里。在实际维修中不管是测电压还是测电阻，其目的都是为了快速找到互锁的开路点。因此在实际维修中，不要局限于某一种测量手段，只要能帮助我们找到互锁开路点的测量方法都可以大胆尝试。

第十六课时
交流慢充电路原理

重点知识

1. 交流慢充电路部件认识。
2. 交流慢充电路连接方法。
3. 交流慢充口各端子认识。

电动汽车具有直流快充和交流慢充两种充电方式,一般车辆都配备交流慢充接口,少部分混合动力车型和低端纯电动汽车是不具备直流快充口的。本章系统地介绍交流慢充的电路结构和故障诊断。

一、交流慢充电路部件

交流慢充系统由交流充电桩、便携式充电枪、交流慢充口、交流慢充线束、车载充电机、高压配电箱、动力电池等构成,如图16-1所示。交流充电桩与便携式充电枪是将市电与车辆连接的外围部件,交流慢充口是与外界充电枪连接的部件,是国标统一接口(图16-2)。交流慢充线束将交流慢充口与车载充电机连接,车载充电机根据BMS的需求将交流电转变成动力电池需要的高压直流电,通过高压配电箱给动力电池充电。

交流慢充口上分别有CP、CC、N、PE、L、L1、L2共计7个端子,其中CC端子为充电枪连接确认信号,用于识别充电枪是否插好;CP端子为充电引导信号,供车辆与充电桩通信用;PE端子在车辆端连接着12V电源负极,在充电桩端连接着保护接地;N为交流电的零线,L为交流电的火线,L1、L2为三相交流电充电时的火线,如

图 16-3～图 16-5 所示。

慢充桩-充电线　交流慢充口　交流慢充线束　车载充电机　高压配电箱　动力电池

图 16-1　交流慢充系统部件

图 16-2　交流慢充口

图 16-3　交流充电枪外观

图 16-4　交流充电枪内部结构

图 16-5　交流充电枪接口

二、交流慢充连接电路

交流慢充连接电路如图 16-6 所示。

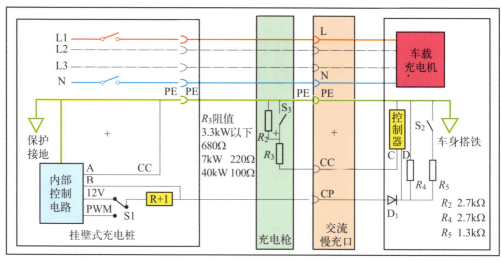

图 16-6 交流慢充连接电路

当插上充电枪时,需要按下充电枪上面的按键,按下按键时对应的是充电枪内部的 S_3 微动开关断开（S_3 常闭开关）,当充电枪完全插好后 S_3 触点接通,PE 与 CC 之间的电阻为 R_2+R_3,如果充电枪没有插到位,那么 PE 与 CC 之间的电阻为 R_3,车辆端通过 PE 与 CC 之间的电阻来判断充电枪是否可靠插好。如果插好,仪表盘上同时点亮充电指示灯。

当充电枪插好后,充电桩内部会通过 CP 端子将 12V 电压传递给车辆端的控制器,此时 12V 电压经充电桩内部的 R_1 电阻→D_1 二极管→R_4 电阻→接地。车辆端在 D 点检测到 R_1 和 R_4 串联形成的分压,充电桩端在 B 点检测到 R_1 和 R_4 的分压为 9V。此时车辆端将会唤醒车辆进入充电模式,并且整车将会自检（绝缘、互锁、温度、压差）,自检通过后没有问题,车辆端将会闭合 S_2 触点。S_2 触点闭合后车辆端 D 点的电压将会被再次拉低为 6V,同时充电桩端在 B 点也检测到电压被拉低为 6V。此时充电桩端将会切换 S_2 开关至 PWM 模式,充电桩以 PWM 信号告知最大能提供多大电流,同时闭合交流接触器。车载充电机在 N L 端子处获取交流电输入。车载充电机开始工作,将交流电转变为高压直流电输送给动力电池充电。

同时电阻 R_3 还有标定充电枪功率的功能,测量充电枪的 CC 与 PE 之间的电阻就可以判断出该充电枪设计的最大功率。例如：按下充电器按键测的电阻为 3.5kΩ；释放充电枪按键测量电阻为 220Ω,那么该充电枪设计时的最大功率为 32A,见表 16-1。

表 16-1 充电枪功率与阻值之间的关系

额定电流	连接状态	开关状态	R_1	R_2	R_1+R_2
10A	半连接	按下/断	1.5kΩ	1.8kΩ	3.3kΩ
	全连接	松开/闭	1.5kΩ		

续表

额定电流	连接状态	开关状态	R_1	R_2	R_1+R_2
16A	半连接	按下/断	680Ω	2.7kΩ	3.38kΩ
	全连接	松开/闭	680Ω		
32A	半连接	按下/断	220Ω	3.3kΩ	3.52kΩ
	全连接	松开/闭	220Ω		

在充电枪出现故障时候，也可以从充电枪和车辆的交流充电口测量电阻或电压，来判断车辆不能充电的故障方向，如图 16-7～图 16-9 所示。

充电枪端：可以测量 CC 与 PE 之间的电阻来判断充电枪上的 CC 端子是否正常，测量 CP 与 PE 之间的电压是否为 12V，若不是则检修充电桩。

车辆端：测量 CC 与 PE 之间的电压，一般车型的电压都在 12V 或者 5V。

图 16-7　充电枪 CC 与 PE 之间的电阻

图 16-8　充电枪 CC 与 CP 之间的电压　　图 16-9　车辆端 CC 与 PE 之间的电压

第十七课时
帝豪 EV450 交流慢充电路分析与故障诊断

重点知识

1. 帝豪 EV350/EV450/EV500 充电电路。
2. 充电系统数据流分析。

一、帝豪 EV350/EV450/EV500 充电电路分析

帝豪 EV 车型的充电电路以及控制逻辑代表大部分中低端电动汽车的充电逻辑，帝豪 EV 使用了独立的充电机，充电机通过充电线束与充电口连接。充电机能将来自充电口的交流电转换为高压直流电为车辆动力电池充电，如图 17-1 和图 17-2 所示。

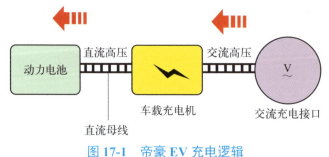

图 17-1　帝豪 EV 充电逻辑

车辆在制动时，车辆拖拽电机旋转发电，电机发出的交流电经电机控制器整流成

高压直流电再次给动力电池充电,如图 17-3 所示。

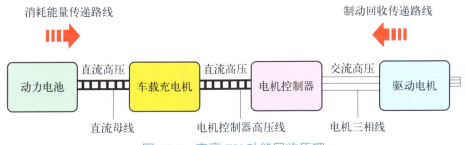

图 17-2 帝豪 EV 动能回收原理

交流充电口位于车辆左前翼子板上,充电时打开充电口,插上充电枪,连接正确后开始充电。充电口形成检测回路,当发生充电连接故障时,系统可以检测到该故障。

同时充电口设置锁枪机构,当充电枪开始充电时,锁止机构锁定充电枪,防止充电时充电枪丢失。充电口配备充电指示灯,使用不同的颜色表达充电状态。

图 17-3 帝豪 EV 充电机

信号灯显示"正在充电"状态为即时显示,"充电完成、充电故障"显示为延时关闭,即收到相应的状态信号时信号灯显示相应状态 15min 后自动熄灭,期间若充电状态变化(如由"充电故障"变为"正在充电"状态)则立即切换到相应的状态。充电指示灯信号由 BMS 提供给 BCM,再由 BCM 控制指示灯状态,见表 17-1。

表 17-1 充电指示灯颜色、状态及说明

颜色	状态	说明
白色	常亮 2min	充电照明
黄色	常亮 2min	充电加热
绿色	闪烁 2min	充电过程
蓝色	常亮 2min	预约充电
绿色	常亮 2min	充电完成
红色	常亮 2min	充电故障
蓝色	闪烁 2min	放电过程

充电指示灯为白色,直接由 BCM 控制。充电口照明灯控制逻辑如下。

❶ 当高压电池处于未充电状态时,打开充电开盖,BCM 立即驱动充电口照明灯

工作 3min，工作期间检测到充电枪插入 3s 后停止驱动，或者充电口关闭，立即停止驱动充电照明灯。

❷ 若充电口盖为打开状态，车门状态由关闭变为打开状态，BCM 立即驱动充电口照明灯工作 3min，工作期间当高压电池转变为充电状态 3s 后停止驱动，或者充电口盖关闭，立即停止驱动充电照明灯。

❸ OFF 挡时，若充电口盖为打开状态，BCM 接收到 PEPS 发送的解锁信息，则立即驱动充电口照明灯工作 3min；工作期间如收到车辆上锁信息或者充电口变为关闭状态，则立即停止驱动充电口照明灯。

❹ OFF 挡时，若充电口盖为打开状态，BCM 接收到 PEPS 发送的遥控寻车信息，则立即驱动充电口照明灯工作 3min，工作期间如遇车辆上锁信息延迟 3s 后熄灭或者充电口状态变为关闭状态，则立即停止驱动充电口照明灯。

❺ 任意情况下，充电口关闭或者车速大于 2km/h 则立即停止驱动充电口照明灯。

家用随车充电枪是随车配备的，用于家用随车充电包（应急充电）。家用随车充电枪由三脚充电插座、充电指示灯、充电枪、充电电缆构成等，如图 17-4 所示。可以通过不同的指示灯状态反应当前充电枪（图 17-5）的充电信息，随车充电枪故障显示及处理机制如表 17-2 所示。

表 17-2 随车充电枪故障显示及处理机制

显示状态	状态说明	处理机制
蓝色常亮	电源指示	
绿色循环	正在充电	
全部绿色常亮	充电完成	
全部绿色闪烁	未连接	将充电枪重新插入充电座
红色闪烁 1 号灯	漏电保护	重新插入充电枪
红色闪烁 2 号灯	过流保护	
红色闪烁 3 号灯	过压/欠压保护	
红色闪烁 4 号灯	通信异常	重新插入充电枪
红色常亮 5 号灯	未接地	检测接地
红色全部常亮	电源故障	检查交流电源

帝豪 EV 充电电路如图 17-6 和图 17-7 所示。

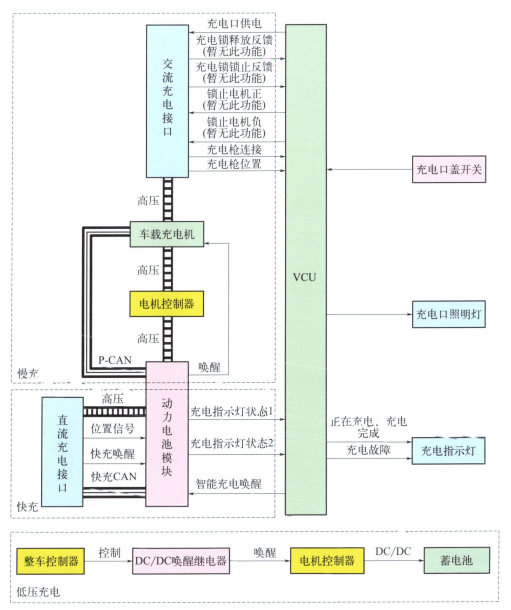

图 17-4 帝豪 EV 充电框架

图 17-5 帝豪随车充电枪

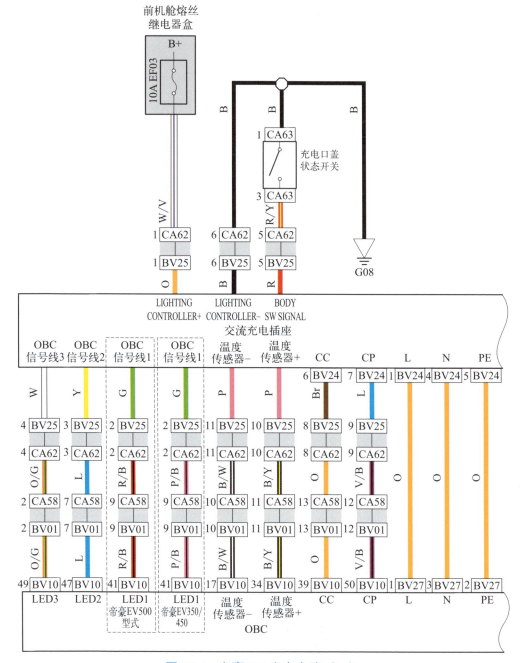

图 17-6 帝豪 EV 充电电路（一）

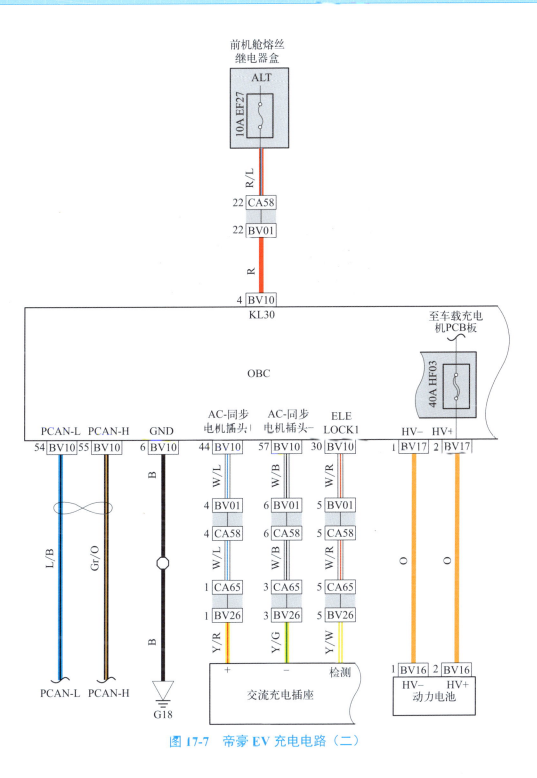

图 17-7 帝豪 EV 充电电路（二）

二、帝豪 EV450 车型慢充故障诊断

（1）车型信息　帝豪 EV450。
出厂日期：2018 年 11 月。
行驶里程：121500km。
（2）故障现象　一辆帝豪 EV450 电动汽车，客户反映无法充电。插上交流充电枪，仪表盘显示充电电流为 0A（正常为负数），如图 17-8 所示，确定车辆不能充电。

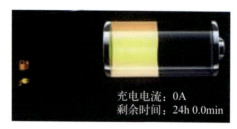

图 17-8　充电电流 0A

（3）故障诊断流程
❶ 使用诊断仪读取故障码，OBC 无故障码，BMS 存在关于充电故障的故障码。
❷ 使用诊断仪读取 OBC 数据流，显示输入电压电流异常，CC/CP 信号正常，如表 17-3 所示。

表 17-3　BMS 数据流（一）

名称	值	单元
充电枪连接检测	充电枪连接	—
充电功率检测	交流电源连接	—
电子锁电机状态	已上锁	—
电网输入电流	0	A
电网输入电压	0	V
充电机输出电流	0	A
充电机输出电压	0	V
引导电路电压	0.13	V
引导电路占空比	13	%

❸ 使用诊断仪读取 BMS 数据流，显示 BMS 请求的充电电流为 32A，如表 17-4 所示。

表 17-4 BMS 数据流（二）

名称	值	单位
电池包总电压	347.1	V
电池包总电流	0.60	A
允许的持续充电功率	60	kW
充电枪 CC 状态	以连接	—
充电器 CP 连接状态	外部能量以连接	—
充电允许指令	允许充电	—
BMS 请求充电电流	32	A
BMS 请求充电电压	402	V

根据 BMS 与 OBC 数据流分析，CC 与 CP 信号正常，电子锁上锁。车载充电机输入电流 0A，实际输出电流 0A，BMS 请求充电电流 32A，实际充电电流 0.6A，基本可以确定是充电机故障。

此时给车辆下高压电，并断开 OBC 输入端插接件，测量 OBC 输入端针脚电阻为 29.8Ω（图 17-9），明显输入呈端短路状态，由此可判断车辆无法充电是 OBC 故障导致的。

图 17-9 充电机输入端电阻

（4）故障排除 更换 OBC 车载充电机，故障排除。

第十八课时
小鹏 G3 交流充电电路与故障诊断

重点知识

1. 小鹏 G3 充电系统组成部件。
2. 小鹏 G3 充电电路原理。
3. 小鹏 G3 充电电路故障诊断方案。

一、小鹏 G3 充电系统组成部件

小鹏 G3 充电系统由图 18-1 所示的 5 个部件组成。

二、小鹏 G3 充电原理图

小鹏 G3 车型配备的充电机是与 DC/DC 一体的,其主要功能为车载充电机将 220V 交流电转化为高压直流电为动力电池充电,DC/DC 为直流转换器,将高压直流电转化为低压直流电,为蓄电池充电以及给低压电器供电。

如图 18-2 所示为小鹏 G3 的 CCS/DC/DC 模块内部框架图,其中接口 1 为高压直

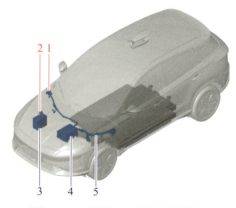

图 18-1 小鹏 G3 充电系统位置
1—交流充电线束;2—蓄电池传感器;3—蓄电池;4—充电机/直流转换器;5—直流充电线束

流连接器连接至高压配电盒；接口 2 为交流输入与车辆交流慢充口连接；接口 3 和 4 为 12V 输出连接口与低压蓄电池连接；接口 5 为低压接口，主要用于设备供电与通信。

在控制器内部主要分为两部分电路，一部分为充电机电路，另一部分为 DC 电路，交流电经交流接口进来后至 PFC 模块进行功率因数校正，再经 LLC 模块升压，然后通过直流高压接口输出；在高压直流输出位置并联两根高压导线，连接至 PSFB 模块，将高压电转换为低压直流电，为车辆低压电网供电。图 18-2 中 MCU 模块为主控电路板。

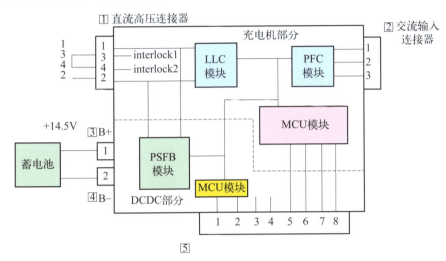

图 18-2 小鹏 G3 的 CCS/DC/DC 模块内部框架图

小鹏 G3 充电原理如图 18-3 所示。小鹏 G3 交流充电口布置在车辆右前侧，用户可以通过插交流充电枪给车辆充电。车辆可以在 IG OFF ON 状态下充电。小鹏 G3 充

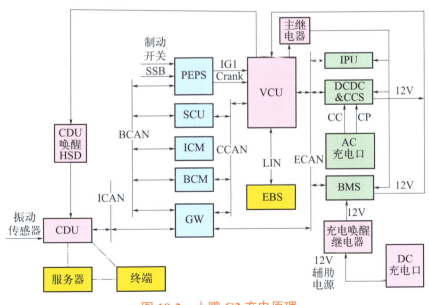

图 18-3 小鹏 G3 充电原理

电电路如图18-4所示。交流充电口由交流慢充线束连接至CCS（充电机），CCS由正负极连接至动力电池，充电时CCS将交流充电桩输出的220V交流电转换成直流电为动力电池充电。插上充电枪后，CP信号唤醒CCS（充电机），CCS（充电机）再唤醒VCU，VCU控制高压系统启动。车辆通过CCS（充电机）将电网的220V交流电转换为直流电为动力电池充电。

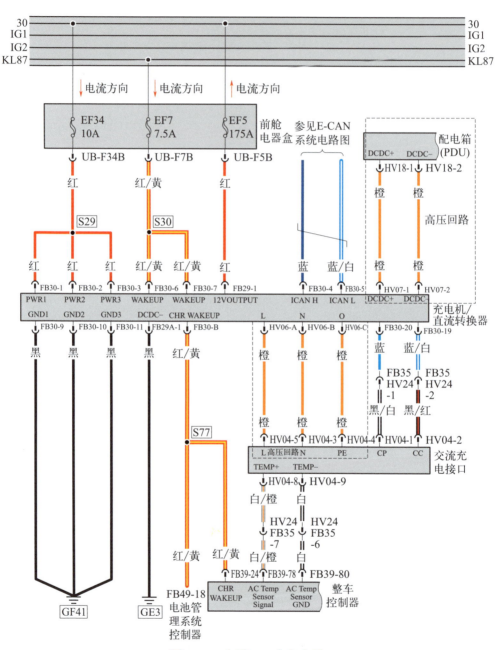

图18-4 小鹏G3充电电路

车辆在充电状态下可以开启空调,但仅限于 6.6kW 的交流充电桩;对直流充电桩则没有限制。同时车辆充电时不能上"READY"电。

三、充电故障诊断流程

充电机/直流转换器低压端子如图 18-5 所示,其端子定义如表 18-1 所示。系统常见故障码列表与维修建议如表 18-2 所示。系统原理如图 18-6 所示。

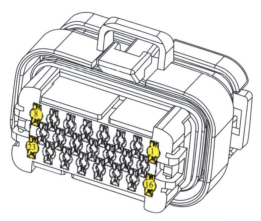

图 18-5　充电机/直流转换器低压端子

表 18-1　充电机/直流转换器低压端子定义

端子号	端子定义	电流(最大)	信号类型
1	OBC 低压输入正	1A	常电
2	OBC 低压输入正	1A	常电
3	DC/DC 低压输入正	1A	常电
4	ECAN-H	—	—
5	ECAN-L	—	—
6	DC/DC 唤醒	100mA	唤醒
7	OBC 唤醒	100mA	唤醒
9	OBC 低压输入负	—	接地
10	OBC 低压输入负	—	接地
11	DC/DC 低压输入负	—	接地
16	高压互锁输入	—	—
17	高压互锁输出	—	—

表 18-2　系统常见故障码列表与维修建议

DTC	DTC 定义	DTC 设置条件	可能故障原因	维修建议	是否点亮报警灯
P13004B	充电机检测到的空气温度高于保护值，导致保护关机	空气温度＞85℃	水泵或风扇故障	检查风扇与水泵	是
P13014B	充电机检测到变压器温度高于保护值，导致保护关机	主变压器温度＞85℃	水泵或风扇故障	检查风扇与水泵	是
P130416	充电机输出电压检测值低于保护值	输出 DC 电压＜220V，t＞5s	供电异常	检查充电机	是
P130517	充电机输出电压检测值高于保护值	输出 DC 电压＞460V，t＞5s	供电异常	检查充电机	是
P130619	充电机检测到输出电流超过 24A	输出电流 24A，t＞500ms	供电异常	检查充电机	是
P130711	充电机输出短路	充电机输出电流大于允许充电电流+2A，且输出电压低于 200V	供电异常	检查充电机	是
P130817	输入过压	输入 AC 电压＞274V	供电异常	检查供电	是
P130916	输入欠压	输入 AC 电压＜80V	供电异常	检查供电	是
P130C4A	充电机电池未接故障	输出电压＜245V	充电机内部故障	检查充电机输出端线缆	是
U10C087	充电机 CAN 通信异常	在充电机有交流电输入时，充电机没接收到正常 CAN 信息 10 个周期	CAN 通信异常	检查总线与低压端子	是
U10C187	BUSOFF 故障	BUSOFF 标志位触发 3 次	总线出现故障	检查总线	是

1. 故障码 P13004B 诊断流程

步骤 1：检查故障码状态。

❶ 连接诊断仪到 OBD。

❷ 启动车辆，读取并记录故障码。

❸ 清除故障码。

❹ 再次读取故障码。

❺ 检查是否显示相同的故障码。

否：故障码的触发原因，可能为间隙性故障引起，检查间隙性故障。是：进行下一步。

步骤 2：检查电机冷却液是否充足。

❶ 打开机舱盖。

❷ 检查管路是否有弯曲、折叠、漏水现象。

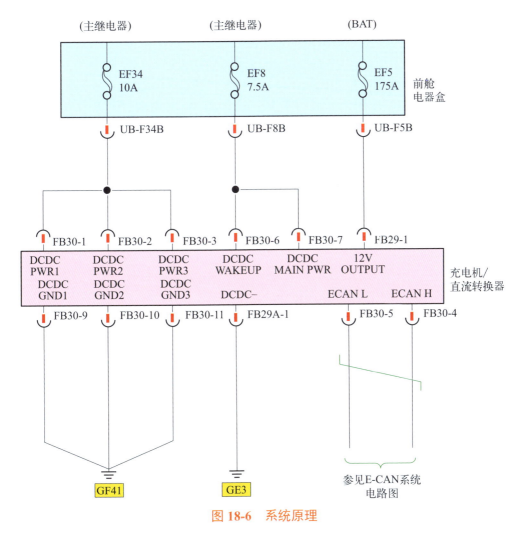

图 18-6 系统原理

❸ 确认膨胀罐中的冷却液是否正常。
否：冷却液不足，添加冷却液。是：进行下一步。
步骤 3：检查电机冷却系统水泵是否正常。
❶ 使用诊断仪激活水泵电机。
❷ 检查电机是否正常工作。
否：排查冷却系统。是：进行下一步。
步骤 4：更换充电机 / 直流转换器。
更换后故障排除，系统正常，诊断结束。

2. 故障码 P130416、P130517 诊断流程

步骤 1：检查故障码状态。

❶ 连接诊断仪到 OBD 接口。

❷ 启动车辆，读取并记录故障码。
❸ 清除故障码。
❹ 再次读取故障码。
❺ 检查是否显示相同的故障码。

否：故障码的触发原因可能是间隙性故障所引起的，检查间隙性故障。是：进行下一步。

步骤 2：检查动力电池是否欠压或者过压。
❶ 读取动力电池数据流，观察电池电压是否欠压或者过压。
❷ 如果电压正常，尝试是否能充电。
否：系统正常。是：进行下一步。

步骤 3：更换充电机 / 直流转换器。
更换后充电正常，诊断结束。

3. 故障码 P130619、P130711 诊断流程

步骤 1：检查故障码状态。
❶ 连接诊断仪到 OBD 接口。
❷ 启动车辆，读取故障码并记录。
❸ 清除故障码。
❹ 再次读取故障码。
❺ 检查是否有相同的故障码。

否：故障码的触发原因可能是间隙性故障所引起的，检查间隙性故障。是：进行下一步。

步骤 2：检查电网电压是否稳定。
确认电网电压是否稳定。
否：更换稳定的充电电源进行充电。是：进行下一步。

步骤 3：更换充电机 / 直流转换器。
更换后故障排除，系统正常，诊断结束。

4. 故障码 P130817、P130916 诊断方法

步骤 1：检查故障码状态。
❶ 连接诊断仪到 OBD 接口。
❷ 启动车辆，读取并记录故障码。
❸ 清除故障码。
❹ 再次读取故障码。
❺ 检查是否有相同的故障码。

否：故障码触发的原因可能是间隙性故障所引起的，检查间隙性故障。是：进行下一步。

步骤 2：检查 220V 交流电是否欠压或者过压。
状态确认：❶ 确认交流电源正常；❷ 确认车辆能正常充电。

否：系统正常。是：进行下一步。

步骤3：更换充电机/直流转换器。

更换充电机/直流转换器后，故障排除。系统正常，诊断结束。

5.故障码P130CA诊断流程

步骤1：检查故障码状态。

❶ 连接诊断仪到OBD接口。

❷ 启动车辆，读取并记录故障码。

❸ 清除故障码。

❹ 再次读取故障码。

❺ 检查是否有相同的故障码。

否：故障码的触发原因可能是间隙性故障所导致的，检查间隙性故障。是：进行下一步。

步骤2：更换充电机/直流转换器。

更换充电机/直流转换器后，故障排除。系统正常，诊断结束。

6.故障码U10C087 U10C187诊断流程

步骤1：检查故障码状态。

❶ 连接诊断仪到OBD接口。

❷ 启动车辆并读取记录故障码。

❸ 清除故障码。

❹ 再次读取故障码。

❺ 检查是否有相同的故障码。

否：故障码的触发原因可能是间隙性故障所引起的，检查间隙性故障。是：进行下一步。

步骤2：检查CAN通信电路。

❶ 执行车辆下电程序。

❷ 断开充电机/直流转换器的线束FB30。

❸ 测量充电机/直流转换器连接器FB30的端子4与FB30的端子5之间的电阻。

❹ 电阻标准值为约60Ω。

❺ 确认电路电阻是都正常。

否：维修总线电路。是：进行下一步。

步骤3：检查充电机/直流转换器的供电与接地导线。

检查充电机/直流转换器的供电接地是否正常。

否：维修供电电路。是：进行下一步。

步骤4：更换充电机/直流转换器。

更换充电机/直流转换器后，故障排除。系统正常，诊断结束。

第十九课时
比亚迪车型电路分析

重点知识

1. 比亚迪车型充电机型号区别。
2. 常见充电系统故障诊断方法。
3. 交流充电流程。

目前国产新能源车型中比亚迪占主导市场，市场保有量最大，因此以下以比亚迪车型为例详细分析比亚迪车载充电技术。比亚迪充电系统框架如图19-1所示。

图 19-1　比亚迪充电系统框架

所有的车载充电机都是将交流电转换为高压直流电为电池包充电的，这一点比亚迪也不例外。不一样的地方在于比亚迪的部分车型可以支持380V交流充电，而很多车型目前只支持220V交流充电。

比亚迪的OBC充电机分为单向充电机和双向充电机。单向充电机是指只能单向地给动力电池充电，如图19-2和图19-3所示；低压插接件定义见表19-1。双向充电机除了能给电池包充电以外，还可以反向将动力电池的电转换成220V、50Hz的市电给用电器供电，以方便车主的用电需求，如图19-4～图19-6所示。双向OBC针脚说明如表 19-2 所示。

图 19-2　比亚迪单向 OBC

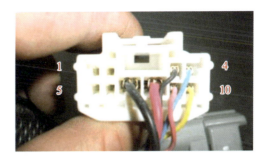

图 19-3　单向 OBC 针脚定义

表 19-1　低压插接件定义

编号	定义	编号	定义
3	CAN-L	9	CAN-H
4	充电指示灯	10	充电感应信号
7	负极	其余	空脚
8	持续 10A 电流		

图 19-4　比亚迪双向 OBC

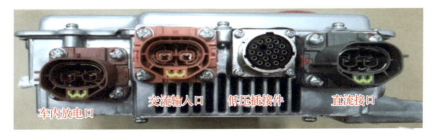

图 19-5　比亚迪双向 OBC 充电机接口

图 19-6　双向 OBC 针脚定义

表 19-2　双向 OBC 针脚说明

编号	引脚定义	技术要求	备注
A	CP	0～100% 占空比	1kHz
B	放电触发信号		车内放电请求开关信号
C	充电感应信号	拉低有效	BMC 得电工作
D	充电连接信号		插枪信号，禁止上 OK 电
E	CC		识别充电枪类型及连接情况同时唤醒 OBC
F	开盖检测	预留	开盖停止工作
G	电源地	车身地	电源负极
H	常电	常电 2mA，7A 持续	电源正极，充电电压 13.8V，充电电流 7A，静态功耗 < 2mA
J	CAN-H	动力网 250K	CAN-H
K	CAN-L	动力网 250K	CAN-L
L	CAN 屏蔽		屏蔽线
M	ON 挡电源	12V	整车 ON 挡电源，车载得电工作
N	高压互锁输入	PWM 信号	串接在高压线上后再拉到负极
T	预配电	12V	由 BCM 输入，唤醒休眠下的 OBC

一、比亚迪车型充电流程

比亚迪车型在充电时，同时有 OBC 充电机、BMC 电池管理系统、BCM 车身电脑、

INS 仪表参与工作。下面详细介绍比亚迪车型在插入交流充电枪的时候整个系统是怎么工作的（图 19-7～图 19-10）。

第一步：当插上充电枪的时候，OBC 在 CC 信号线上检测到充电枪已经插入，此时 OBC 被唤醒，同时被唤醒的还有 BMC，BMC 被充电唤醒后会点亮仪表盘的充电连接指示灯。

第二步：OBC 实时自检，当检测到 CP 信号为 9V 时向系统发送"充电准备就绪"信号，BMC 自检电池包是否允许充电，如果允许充电则发送闭合 IG3 继电器的请求给 BCM，BCM 闭合 IG3 继电器。同时 BMC 吸合相关的接触器，并开始预充。预充后端电压与电池包电压压差小于 50V 时，预充完成。预充完成后吸合主接触器。100ms 后断开预充接触器，并发送"充电允许"。

第三步：OBC 接收到来自 BMC 的"充电允许"报文后，随即闭合内部的 S2 触点。BMC 发送"最大允许充电电流"报文后 OBC 开始充电。

充电过程中，OBC 开始充电过程巡检，BMC 开始充电巡检。当 BMC 检测到单节电池电压达到充电截止电压时，调整 SOC 为 100%。

BMC 发送"充电结束"报文，OBC 结束充电，BCM 断开 IG3 继电器。

第四步：充电结束，整车进入休眠模式。

OBC 除了有独立的模块以外，很多车型还将 OBC 模块内置于总成件中。

图 19-7　多合一控制器

图 19-8　多合一内部集成 OBC

图 19-9　三合一控制器

图 19-10　三合一内部集成 OBC

二、VTOG 双向逆变充放电式电机控制器

比亚迪很多车型都装配VTOG双向逆变充放电式电机控制器，如图19-11～图19-15所示，该控制器的主要功能如下：

❶ 控制电机正向驱动、反向驱动、正转发电、反转发电。

❷ 控制电机的输出，同时对电机进行保护。

❸ 通过CAN线与其他模块通信，接收并发送相关的信号，间接地控制车上相关系统正常运行。

❹ 制动能量回馈控制。

❺ 自身内部故障检测。

图19-11　VTOG 控制器

❻ 可以通过VTOG对车辆进行交流充电。

❼ 可以将车辆电池包高压电通过VTOG逆变给用户使用。

❽ 同型号车可以实现相互充电。

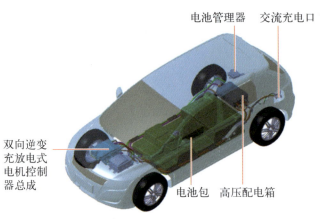

图19-12　VTOG 安装位置

图19-13　VTOG 高压接口

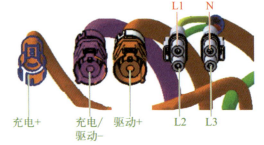

图19-14　高压接口定义

交流充电输入 L2、L3相　　交流充电输入 N、L1相

图 19-15　集成式 VTOG

VTOG 电机控制管理器是由高压配电箱、控制器、驱动电机与发电电机以及相关传感器组成的，该设备具有以下功能。

❶ 最高输出电压、电流限制功能：限制交流侧的最高输出电流，限制直流侧的最高输出电压。

❷ 控制电机正向驱动、反向驱动、正转发电、反转发电的功能。

❸ 根据目标扭矩进行运转的功能，对接收到的目标转矩具有限幅和平滑处理功能。

❹ CAN 通信功能：通过 CAN 总线能接收控制指令和发送电机参数，及时把电机转速、电机电流旋转方向信息发送给相关 ECU，并接收其他 ECU 传递的信息。

❺ 能够根据不同转速和目标转矩进行最优控制功能。

❻ 电压跌落，过温保护功能：当电机过温、扇热器过温、功率器过温、电压跌落时发出保护信号，停止控制运行。

❼ 防止电机飞车，防止 IPM 保护功能。

❽ 具有动力电池充电保护信号应急处理功能。

❾ 半坡起步功能，能量回馈功能。

❿ 可以通过电机控制器直接从充电网上对车辆进行交流充电，也可以通过电机控制器把车辆电池包的高压直流电逆变放到充电网上。

比亚迪 E5 充电口电路如图 19-16 和图 19-17 所示。

三、比亚迪汉充配电系统

比亚迪汉的充电机集成在充配电总成内部，分为四驱版和两驱版。四驱版的称为 A+ 平台充配电三合一（DC/DC，OBC，PDU），四驱版的支持交流 6.6kW 充电、直流 100kW 充电；两驱版的为 A 平台充配电三合一（DC/DC，OBC，PDU）支持交流 6.6kW 充电、直流 60kW 充电，如图 19-18 ～ 图 19-22 所示。

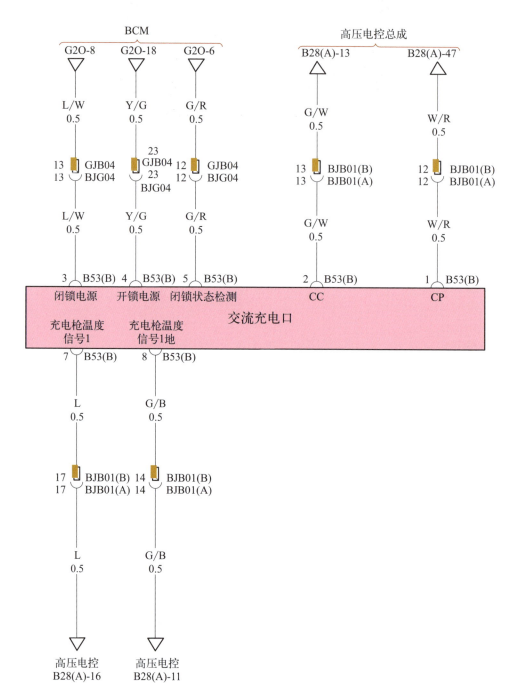

图 19-16 比亚迪 E5 充电口电路（一）

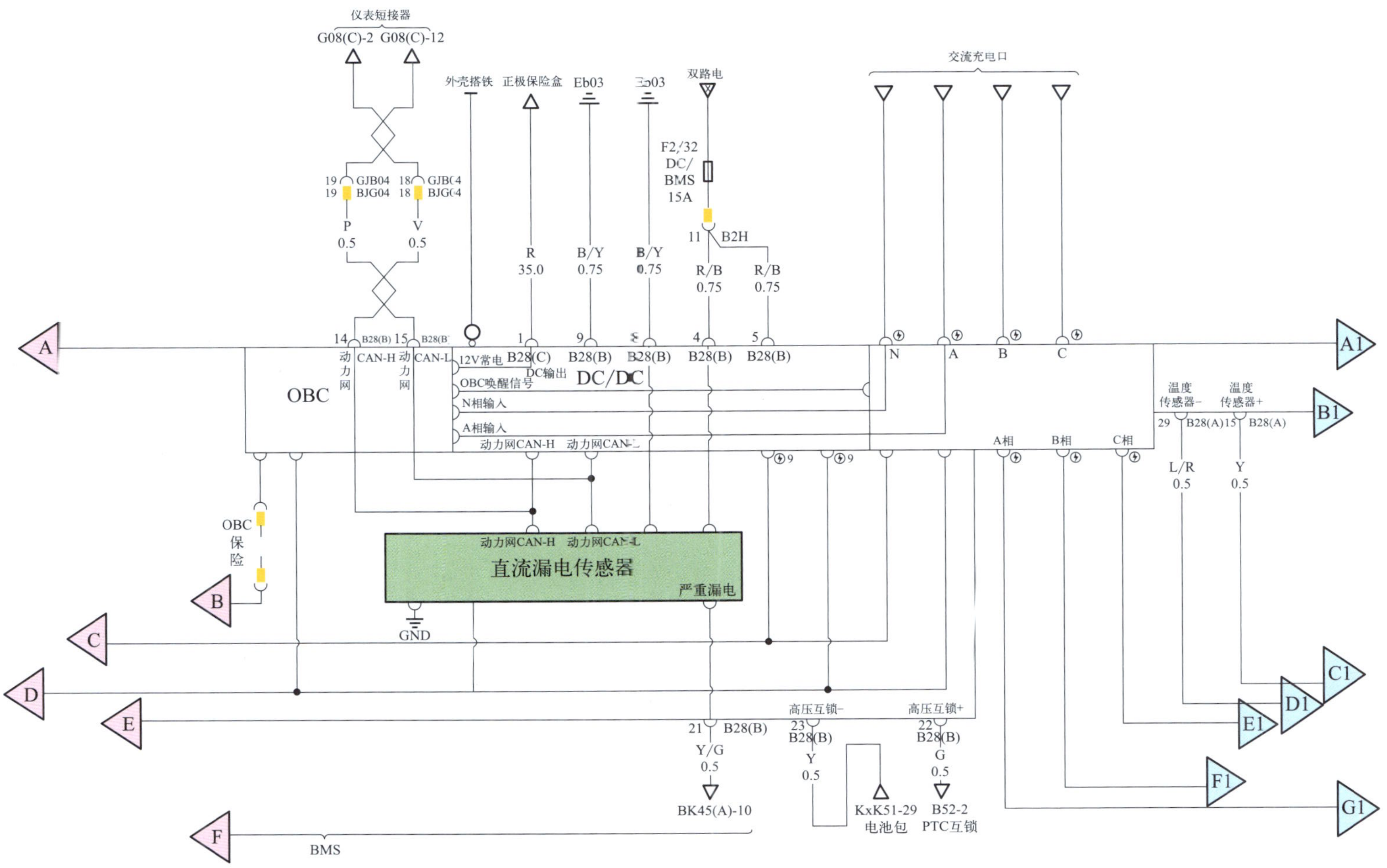

图 19-17 比亚迪 E5 充电口电路（二）

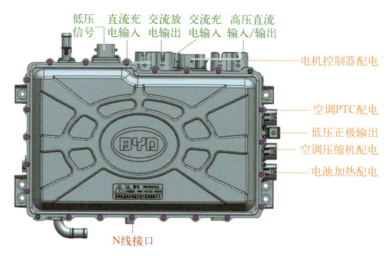

图 19-18　A+ 平台充配电三合一（一）

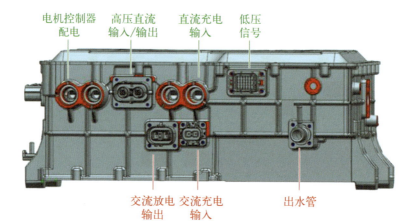

图 19-19　A+ 平台充配电三合一（二）

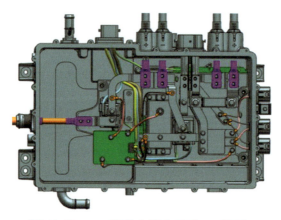

图 19-20　A+ 平台充配电三合一（三）

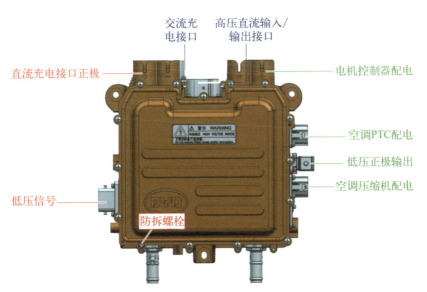

图 19-21　A 平台充配电三合一（一）

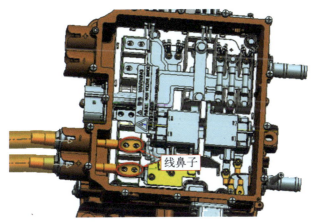

图 19-22　A 平台充配电三合一（二）

案例一： 比亚迪汉 EV 交流充电异常

（1）车型信息　比亚迪汉 EV。

出厂日期：2021 年 9 月。

行驶里程：96542km。

（2）故障现象　客户抱怨，使用交流充电枪是可以给车辆充电的，但是充电时间长、充电功率低。

（3）故障验证　使用功率为 7kW 的壁挂式充电枪为车辆充电，仪表显示实际功率只有 2.7kW；更换同款充电枪，充电仪表显示的充电功率依旧只有 2.7kW，说明故障是真实存在的。

（4）维修过程　根据故障现象，首先应该想到导致车辆充电功率下降的主要原因有哪些？

❶ 交流充电口闭锁器执行器故障。

❷ 交流充电口本体故障。

❸ 相关低压线束故障。

❹ 充配电总成故障。

首先使用解码器扫描全车故障，发现在充配电模块中储存的故障码为P158900（充电口温度采样异常），读取充配电模块数据流，找到充电口温度传感器数据为-40℃。在车辆充电过程中使用遥控器对车辆锁车，锁车后尝试拔出充电枪，发现无法拔出，排除充电口闭锁器故障。如果在锁车后充电枪还可以拔出说明充电器闭锁器有故障，如果充电枪闭锁器有故障车辆会限制充电功率，同时仪表会有中文提示。

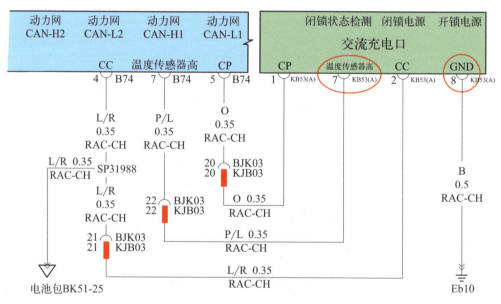

图19-23　比亚迪汉充配电口电路

根据现有的故障码判断应该是充电口的温度采样线路故障导致的充电功率下降，这是因为出于安全考虑设计的，在充电口设计温度传感器检测充电口温度，如果充电口温度过高就会限制充电功率。

根据电路图（图19-23）找到充电口的7号脚与8号脚并进行检测，在检测中发现7号脚明显有推针弯曲现象，如图19-24所示。

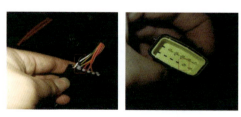

图19-24　温度采样针脚故障

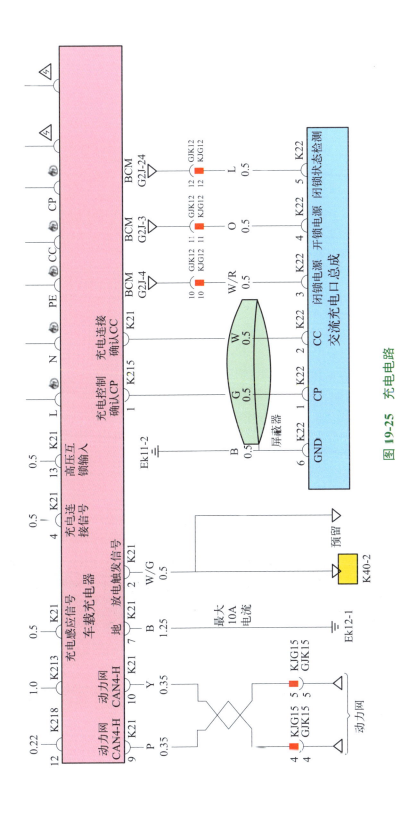

图 19-25 充电电路

随即将 7 号脚挑出，检查发现没有断裂，重新安转插头针脚并恢复连接后，故障排除。再次试车充电，仪表显示充电功率为 6kW，故障排除。

案例二：比亚迪宋 PLUS EV 无法交流充电

（1）车型信息　比亚迪宋 PLUS EV。

出厂日期：2020 年 8 月。

行驶里程：56234km。

（2）故障现象　客户抱怨，使用壁挂式交流充电桩无法对车辆充电。更换便携式交流充电枪对车辆充电，故障依旧，于是进店维修。

（3）故障验证　接车后，使用店内交流充电枪对车辆充电，插枪后仪表充电指示灯点亮，充电状态显示出来后立即跳转为充电结束。并且伴随着充电口电锁来回跳动，在 PAD 上将防盗功能关闭后点火，故障依旧存在。

（4）维修过程　根据交流充电系统的原理，CC 为插枪信号，CP 为充电控制引导（占空比），PE（GND）为搭铁线，电锁为锁枪电机。

根据充电系统工作原理（图 19-25），出现该故障的原因可能有低压线路故障、交流电压故障、多合一控制器故障、充电口故障，电锁故障可能性较低（电锁故障只会限制充电功率）。

接车后先更换了一个高压配电盒总成，但是故障依旧。

根据故障现象以及维修历史，判断故障出现在低压控制线路的概率较高。测量充电口 CC 端子电压为 4.5V，插枪后电压为 0.9V，对比正常车辆插枪后的电压在 1.2V 左右明显偏低。拆解充电口检查发现其内部进水（图 19-26 和图 19-27）。

（5）维修总结　新能源汽车的充电口是外置的，在长期的使用中如果防水结构不完善，会出现充电口内部进水的情况。充电口进水会导致类似于本次故障中 CC 端子信号被拉低、车辆识别不到 CC 端子正确的信号，从而导致车辆无法慢充。当然充电口进水也有可能会导致 N、L 端子氧化接触不良，从而导致充电功率下降等其他故障，因此在后期维修不能进行交流充电的故障时一定要注意充电口的情况。

图 19-26　进水的充电口（一）

图 19-27　进水的充电口（二）

第二十课时 直流充电国标与电路分析

> **重点知识**
> 1. 直流快充端子作用认识。
> 2. 直流快充连接流程。

新能源汽车普遍都配备两个充电口，一个为交流充电口，另一个为直流快充口，除以前的老车型（电池管理系统差）以及部分混合动力汽车没有直流充电口外，剩余新能源汽车全部配备直流快充口。

一、直流快充系统结构

直流快充系统由直流充电桩、直流快充枪、直流快充口、直流快充线束、高压配电箱、动力电池构成，如图 20-1～图 20-4 所示。

直流充电桩一般由专业的运营公司安装在公共停车场内。一般车主不会自己在车位上安装直流充电桩，使用直流充电桩给车辆充电一般都是用手机扫码后填写基本信息并缴费即可。直流充电桩一般都可以提供 DC500 高压直流电，充电电流可达 200A，因此充电速度快。

直流充电桩内部电路，每个厂家都有区别，学习内部电路的目的并不是去维修直流充电桩，只是为了更好地学习直流充电原理。因此在这里对直流充电桩内部电路进行简单的分析了解，如图 20-5 所示。

直流充电桩的核心作用是把 380V 交流电整流升压为高压直流电，而目标直流电压的高低取决于车辆电池包电压，此工作是由充电桩内部的充电模块完成的；同时 380V 交流电进到设备后还需要一个计量装置，该装置为电表，它用于直流充电桩运营公司与国家电网计费。三充电模块输出端安装了两个接触器，接触器受控制器控制。在收到控制器的指令后闭合，输出高压直流电。

图 20-1　直流充电桩

图 20-2　直流充电枪

图 20-3　直流快充口

图 20-4　动力电池

在设备内部安装有开关电源，开关电源的作用是把 380V 交流电变换成 12V/5V 直流电，为设备的控制器提供工作电源。设备的控制器是设备的主控单元，控制器有与外界的触摸屏、刷卡设备、通信模块、智能电表、急停信号、风扇控制进行通信。在触摸屏上操作的时候，所有的信息都通过触摸屏传递给控制器，控制器根据操作指令决定是否控制充电模块工作以及接触器是否闭合。

同时设备内部还有绝缘监测模块，用于检测充电口的高压绝缘性能。如果插枪后绝缘阻值过低则禁止充电。

如图 20-6 所示，直流充电口应符合国标规定，因此所有厂家生产的充电口都一样，都是 9 孔的。

S- 为 CAN-L，供车辆与充电桩通信使用。

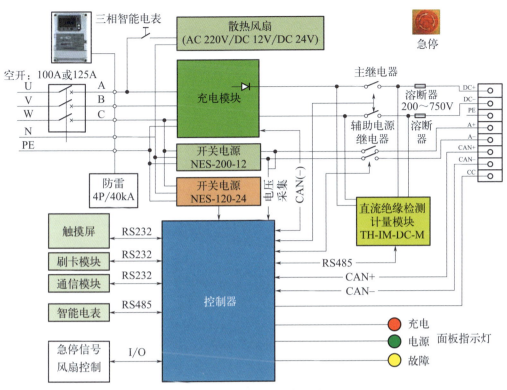

图 20-5　直流充电桩内部电路

S+ 为 CAN-H，供车辆与充电桩通信使用。
CC2 为车辆端，用于检测充电枪是否插好。
CC1 为充电桩端，用于检测充电枪是否插好。
PE 为保护接地，同时也是车辆端的负极。
DC+ 为高压直流正极，给动力电池充电。
DC- 为高压直流负极，给动力电池充电。
A+ 为充电桩输出 12V 正极，供车辆充电唤醒使用。
A- 为充电桩输出 12V 负极，供车辆充电唤醒使用。

图 20-6　直流充电口定义

二、直流充电连接流程

当直流充电枪插上后，充电枪上面 A+ 和 A- 之间的 12V 直流电就会唤醒整车进入充电模式。充电连接如图 20-7 所示。

CC2 检测充电枪是否插好，如果插好，仪表则亮起充电指示灯。

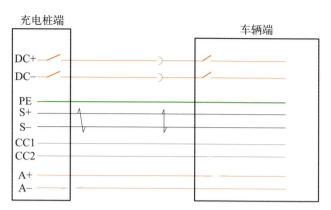

图 20-7 充电连接

充电桩端通过 CC1 检测充电枪是否插好。

当检测完成后车辆与充电桩通过 S+ 和 S- 之间的 CAN 总线来完成通信"握手"。

整车被充电唤醒后开始进入自检（电池温度、压差、绝缘、总电压、SOC），以此确定是否需要充电以及充电功率。

车辆通过 CAN 总线发送充电请求信号给充电桩。

充电桩根据充电请求信号输出对应的电压和电流，通过 DC+ 和 DC- 为车辆充电。

如图 20-8 所示，直流充电桩内部通过 R_1 电阻向 CC1 端子输出一个 12V 电压，CC1 端子通过 R_2 电阻与 S_1 开关串联接负极，$R_1=R_2=1k\Omega$ 因此 CC1 端子电压在没有按压充电枪的时候实测为 6V，按下充电枪为 12V。

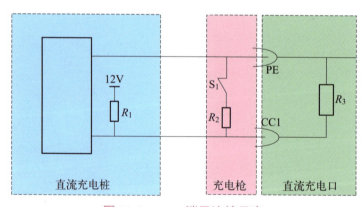

图 20-8 CC1 端子连接示意

当插入直流充电枪时，如果充电枪没有插到位，那么 S_1 开关就是断开状态，直流充电桩检测到 CC1 电压为 12V，充电桩判断充电枪没有插入并按压了 S_1 开关；如果充电枪插到位，但是没有释放 S_1 开关，那么 CC1 电压为 6V，因为 R_3 电阻也是 $1k\Omega$，充电桩判断充电枪没有连接；如果插入充电枪，并释放了 S_1 开关，那么充电桩检测到 CC1 的电压为 4V，充电桩判定充电枪为连接状态。

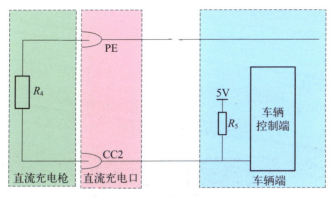

图 20-9　CC2 端子连接示意

CC2 端子是车辆端是否被充电枪插入的端子，如图 20-9 所示，在直流充电枪内部 CC2 端子与 PE 端子之间串联一个 R_4 电阻，阻值为 1kΩ；在车辆端通过 R_5 电阻给 CC2 提供 5V 电压；因此在没有插入充电枪的时候，在直流充电口处可以检测到 5V 电压；当充电枪完全插入后 CC2 电压会被拉低至 2.5V。车辆端识别 CC2 电压下降到 2.5V 就判定充电枪已经完全连接。

如图 20-10 所示为直流充电系统完全连接，该图适用于所有车型。不同的是在车辆控制端每个车型可能都有差异。但是具体控制逻辑没有变，CC1 与 CC2 都用于检测充电枪是否连接正常。

充电桩检测到 CC1 连接正常后，就会通过 A+ 和 A- 端子输出一个 12V 电压给车辆端，此时车辆被充电唤醒，唤醒后车辆与充电桩通过 S+ 和 S- 端子进行通信，且车辆会自检，自检通过后会通过 S+ 和 S- 端子与充电桩通信并告知充电桩现在的充电需求。充电桩就通过 DC+ 和 DC- 端子给车辆提供高压直流电为车辆充电。

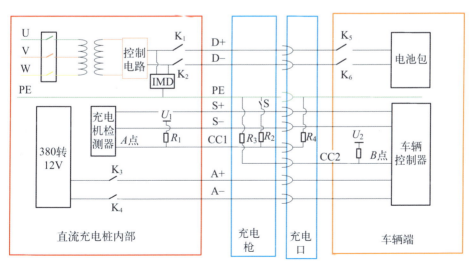

图 20-10　直流充电系统完全连接

第二十一课时
直流快充故障诊断

重点知识

1. 直流充电条件。
2. 直流充电常见故障诊断。

直流充电时车辆的准备条件基本与车辆上电条件一致，一般情况下能保证车辆上电，基本就可以完成直流充电。

车辆上电条件：动力电池压差正常、电池既不欠压也不过压、整车绝缘正常、电池温度正常、整车互锁正常、预充电路正常、主正接触器和主副接触器正常。

充电条件：若整车上电条件没有问题，车辆可以上电，此时如果车辆充电，还需要满足电池温度不能过高或者过低的要求，否则都会影响到快充。如果温度过高或过低，需要等待一会，等待车辆热管理系统工作，让电池温度趋于可充电状态。同时需要注意的是直流快充口至直流充电接触器之间的线路，在直流快充接触器没有闭合的时候，整车是没有检测到该部分电路的绝缘的。因此在充电的时候，如果出现绝缘故障，那么需要检查该电路的绝缘故障。

同时需要注意的是，所有的快充口都设置有温度传感器，该传感器用来检查直流快充口的温度，如果直流快充口虚接，在充电的时候温度就会上升，那么就会有失火的风险。因此所有的直流快充口都配备有温度传感器，如果温度传感器信号异常，部分车型可能会出现充电功率下降或者直接不能充电的故障。

直流快充口电路如图 21-1 所示。

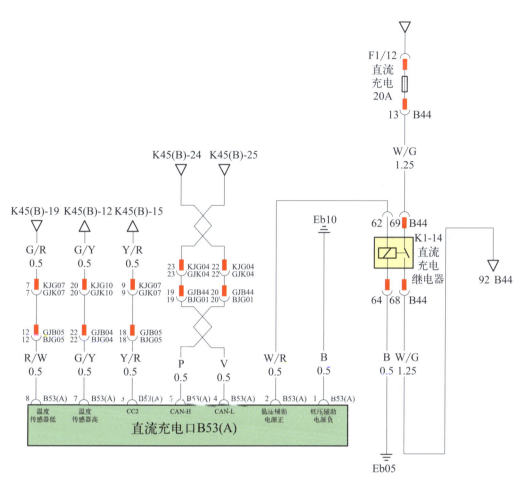

图 21-1 直流快充口电路

一、直流快充口端子检测

1. A+ 和 A- 端子检测

A+ 和 A- 端子定义为车辆唤醒端子，在直流充电枪插入后直流充电枪就会给车辆提供一个 12V 电源，此时车辆被唤醒。如果车辆插入充电枪后仪表的充电连接指示灯不能点亮，此时需要找一个外接电源接到 A+ 和 A- 端子，如果仪表可以点亮充电连接指示灯，那么就可以判断外面的充电桩有问题。如果点不亮充电连接指示灯，则需要根据实车电路图检查 A+ 和 A- 端子电路，如图 21-2 所示。

2. CC2 端子检测

CC2 端子用于车辆端监测充电枪是否插好，在直流充电枪那端有一个 1kΩ 的电阻，车辆端被唤醒后就会输出一个 5V 或者 12V 电压，插上充电枪后电压被拉低。

因此通过测试 CC2 端子，就可以在车辆打开点火开关的情况下使用万用表测量 CC2 端子与 PE 之间的电压是否在正常范围内，若不正常则需要按照原车电路图分析检测 CC2 端子电路的故障，如图 21-3 所示。

图 21-2 A+ 和 A- 端子测试

图 21-3 CC2 端子电压检测

3. CC1 端子检测

CC1 端子用于充电桩端检测充电枪是否插好，在车辆端只有一个 1kΩ 的电阻。因此在测量车辆端时只需要保证 CC1 端子与 PE 之间的电阻是否合格即可，正常为 1kΩ 的电阻，如图 21-4 所示。

4. S+ 和 S- 端子测量

S+ 和 S- 端子为车辆的 CAN 总线，用于车辆与充电桩之间通信。在车辆端与充电桩端各有一个终端电阻。因此在车辆钥匙关闭时测量 S+ 和 S- 端子之间的终端电阻最为方便快捷，如果在车辆端可以测量出一个约 120Ω 的终端电阻即认为车辆端的总线没有问题，如图 21-5 所示。

图 21-4 CC1 端子测量

图 21-5 S+ 和 S- 端子测量

二、比亚迪 e6 直流快充电路

如图 21-6 所示，2017 年款比亚迪 e6 直流快充电路系统的快充接口与车辆的电池包总成连接，车辆端的所有检测都是由电池包内部的 HVSU（高压监控模块）来完成的。当 A+ 和 A- 端子给电池包提供 12V 电压后电池包的 HVSU 被充电唤醒，电池包内部开始自检，并唤醒整车来进行充电。其余端子检测方法与前面所介绍的基本一致。

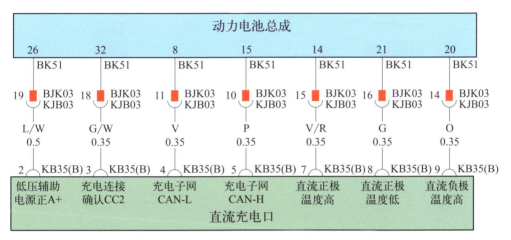

图 21-6　2017 年款比亚迪 e6 直流快充原理

HVSU 的主要功能有电流采样、总电压/烧结检测、漏电检测等。

三、比亚迪汉直流快充电路

大部分直流充电桩能提供的直流电压为 500V，而部分车型的动力电池电压已经高达 700 多伏，因此 500V 的直流充电桩无法满足 700V 以上的动力电池充电，所以需要在车上安装升压模块。

以比亚迪车型为例，其有两种升压模式。一种是在车上安装直流升压模块，将直流充电桩过来的 500V 电压进行二次升压后再给动力电池充电，如图 21-7 所示。

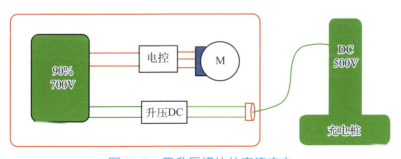

图 21-7　带升压模块的直流充电

另一种升压模式如图 21-8 所示，整车进入充电流程后，电机控制器通过调节三相占空比，控制 IGBT 下桥固定频率的通断，接通时电机绕组中不断储存电能，该能量在 IGBT 下桥断开时通过 IGBT 上桥二极管给电池包进行充电。电机升压充电功能与原有的升压 DC 充电方案相比，升压电路回路硬件集成度更高，实现同一硬件多种用途；充电时因三相 IGBT 均参与升压充电，在总充电电流大幅提升情况下，分配到电机控制器各 IGBT 上的负载相对原升压 DC 电路中的 IGBT 负载大幅减小，降低了硬件的工作强度，同时提高了充电可靠性。

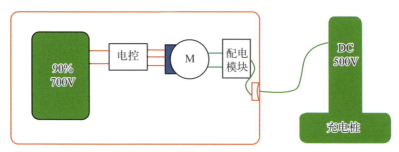

图 21-8　电机升压模式

比亚迪电动汽车无法直流充电故障案例

（1）故障现象　车主反映车辆在直流充电桩上充电，显示启动充电未能成功，尝试更换多个充电桩依旧无法充电，可以使用交流充电。

（2）故障分析　根据车辆直流充电系统的原理分析，导致车辆不能直流快充的原因有：

❶ 直流充电口故障；

❷ 直流充电低压线路故障；

❸ 电池管理器故障；

❹ 控制直流充电的低压线路故障。

（3）故障维修过程　首先测试插充电枪后仪表只有充电连接指示灯亮，再无其他充电的相关信息，充电桩显示充电启动未能成功，但是可以交流充电，由此如果暂停电池管理车辆还能正常工作，故障应该在直流充电过程中涉及的元件或线束。

由于车辆在插枪后仪表可以点亮充电连接指示灯，充电桩上显示充电未能成功启动，所以故障维修方向锁定在 CAN 通信。

根据图 21-9 和图 21-10，测量 S- 端子电压为 0，测量 S+ 端子电压为 2.4V，那么问题在 S- 端子到 BK45（B）插头的 14 号针脚。测量 BK45（B）插头的 14 号针脚到 S- 端子，发现不导通；对比测量 20 号针脚到 S+ 端子导通。

如图 21-11 所示，继续测量充电口的端子 S- 和端子 S+ 到前机舱线束 BJB01（B）插接件 4 号端子和 5 号端子的电阻，正常导通，可以排除直流充电口故障。再次测量前机舱线束 BJB1（B）插接件的 5 号端子到电池管理器 BK45（B）20 号端子，导通正常；BJB1（B）插接件的 4 号端子到电池管理器 BK45（B）14 号端子不导通。故障点锁定在该端线束，更换线束后故障解决。

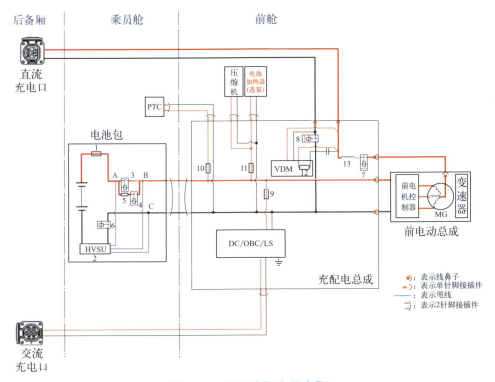

图 21-9　比亚迪汉高压电网

1—主保险；2—HVSU 模块；3—主接触器；4—预充接触器；5—预充电阻；6—负极接触器；7—直流＋接触器（辅助触点）；8—直流－接触器（辅助触点）；9—OBC/DC 保险；10—PTC 保险；11—压缩机/电池 PTC 保险；12—被动泄放电阻；13—充电电感；A，B，C—HVSU 检测线束

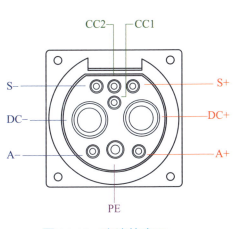

图 21-10　直流快充口

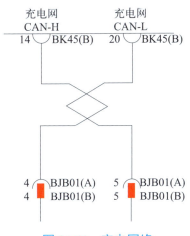

图 21-11　充电网络

143

（4）维修总结　故障维修时需要非常了解整个直流充电的过程才能做出正确的判断。直流充电流程分析：插枪后充电桩检测到车辆端 CC1 的 1kΩ 电阻后确认充电枪插好，直流充电桩闭合 12V 电源接触器，车辆端在 A+ 和 A- 端子得到 12V 电压并点亮仪表充电连接指示灯。车辆端在 CC1 端子检测到充电枪的 1kΩ 电阻后确认与充电枪连接成功。电池管理器通过 CAN 总线与充电桩"握手"通信并发送充电请求，充电桩为车辆提供合适的直流电压与电流给电池充电。

根据直流充电系统原理，了解到仪表已经点亮充电连接指示灯，说明车辆端已经被唤醒。同时 CC1、CC2 连接正常，判断为 CAN 通信故障。

第二十二课时
车载电源 DC/DC 电路

重点知识

1. DC/DC 的作用。
2. DC/DC 的控制电路。
3. 比亚迪铁电池。

新能源汽车的车身电器依旧采用 12V 供电，各种控制单元的控制电压也都使用 12V 电源，因此在新能源汽车上也会安装一个 12V 低压蓄电池。在燃油车上低压蓄电池的充电是由发电机完成的，而在新能源汽车上没有发动机，因此就无法配置发电机给低压蓄电池充电。所以在新能源汽车上安装了一个 DC/DC 来实现给低压蓄电池充电的功能。

DC/DC 的作用是将动力电池的高压直流电转换为低压直流电，有的车型中 DC/DC 是一个独立的模块，也有的车型是将 DC/DC 设计在多合一控制模块内部，如图 22-1 和图 22-2 所示。

图 22-1 独立的 DC/DC 模块

一、江铃 EV100 DC 电路

如图 22-3 所示，江铃 EV100 采用的是独立的 DC/DC 结构，DC/DC 配备高压接口与低压接口。DC/DC 的高压接口与高压配电箱连接，高压配电箱内部配有电流为 20A 的高压保险。DC/DC 的启动是由低压接口的使能脚提供 12V 电压完成的，即打开点火开关，12V 电压通过"充电控制继电器"的常闭触点给 DC/DC 的 C118 插头的 1 号脚一个 12V 电压，DC/DC 开始工作，将动力电池的高压直流电转变为 14V 低压直流电，为小蓄电池充电。

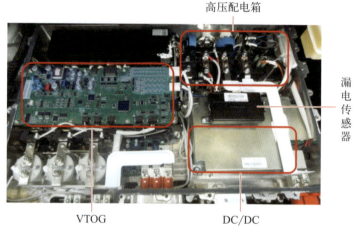

图 22-2　多合一内部 DC

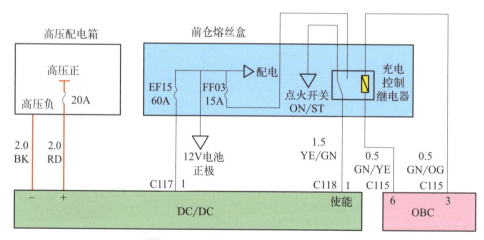

图 22-3　江铃 EV100 DC/DC 电路

充电的时候，OBC 充电机被 CC 端子唤醒后，就会通过 C115 的 6 号与 3 号端子控制"充电控制继电器闭合"，这样 DC/DC 的使能端子便从"充电控制继电器"的常开触点获取 12V 电源，DC/DC 开始工作，为小蓄电池充电，以辅助充电车辆低压用电器的用电需求。

如果 DC/DC 不能正常工作，车辆仪表便会点亮蓄电池充电故障指示灯。此时需要对 DC/DC 进行检修，检修的步骤如下：

第一步：检测高压直流电源是否正常，如正常则继续下一步；如不正常，则检查高压配电箱保险。

第二步：检测使能端子电压是否正常，如正常则继续下一步；如不正常，则根据电路图修复。

第三步：更换 DC/DC。

二、吉利帝豪 EV 车型 DC/DC 电路

如图 22-4 所示，吉利帝豪 EV 的 DC/DC 是集成在电机控制器内部的，高压电源直接在内部，与电机控制器用的是同一个电源。内部集成的 DC/DC 一般没有独立的控制线路，DC/DC 的启动与输出电流控制由整车控制器 VCU 通过 CAN 总线报文实现。VCU 整车控制器通过 CAN 总线与电机控制器通信来控制 DC/DC 的输出。帝豪 EV 电机控制器如图 22-5 所示，电机控制器原理如图 22-6 所示。

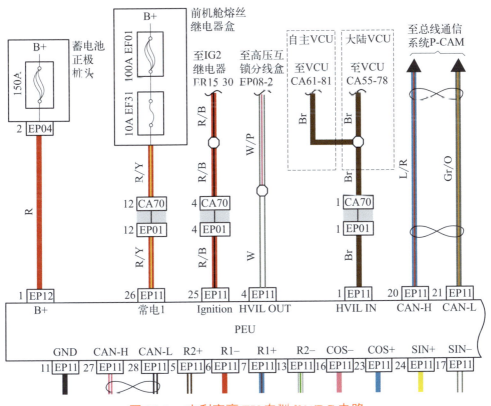

图 22-4 吉利帝豪 EV 车型 DC/DC 电路

三、比亚迪启动型低压铁电池

图 22-5　帝豪 EV 电机控制器

比亚迪混合动力车系与纯电动汽车系统的 DC/DC 都集成在多合一控制器内部，这里不再赘述。比亚迪车辆低压供电系统与其他车型不一样的地方主要体现在低压电池上，比亚迪车型使用的是启动型铁电池，为整车电子设备低压电的来源。为保证整车低压系统的正常运行，整车设计应尽量保证低压铁电池不会亏电，因此在传统的设计上增加了智能化充电系统，保证低压铁电池不会亏电。

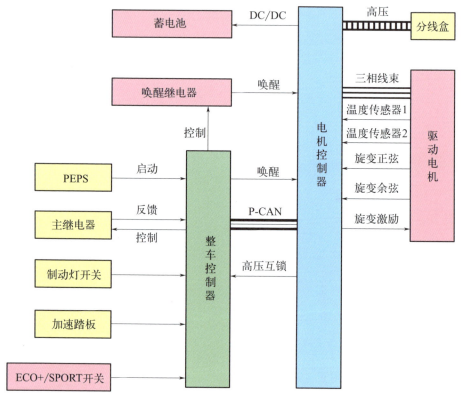

图 22-6　电机控制器原理

如图 22-7 和图 22-8 所示，铁电池是启动型铁电池与电池管理器（BMS）的简称。铁电池功能如下。

❶ 对于电气系统来说，未进入过放或者超低功耗的情况下，铁电池都是电气设备的常电供给电源。

❷ 当 DC/DC 输出不足或者故障的时候，由铁电池辅助向用电设备供电。

❸ 铁电池还可以吸收电网中的瞬时过电压，保持汽车电气系统的电压稳定，保护电子元件。

❹ 铁电池有电压、电流和温度监测功能,存在异常状态时会触发故障报警功能。当铁电池故障报警时,仪表故障指示灯点亮(常亮),同时显示"请检查启动型铁电池系统"。

❺ 满足智能充电整车条件,当铁电池电量偏低时,发出智能充电请求给动力电池BMS。动力电池BMS监测条件满足智能充电允许后,控制高压配线箱内主吸合器工作,并通过DC/DC放电,给铁电池充电,启动铁电池BMS监测,进行智能充电模式后反馈智能充电报文给整车,满足退出条件时启动型铁电池将做出相应控制策略退出此模式。

❻ 如果整车动力电池电流不足或者高压故障导致智能充电无法进行,小蓄电池亏电后会进入超低功耗功能以维持自身电量,此时需要按下左前门微动开关唤醒电池才可以重新启动车辆给小蓄电池充电。

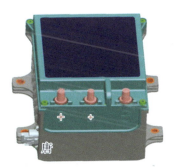

图 22-7 比亚迪唐铁电池

图 22-8 比亚迪秦 EV、宋 EV、e5 低压铁电池

如图 22-8 所示为比亚迪秦 EV、宋 EV、e5 低压铁电池的外观。比亚迪低压铁电池在混合动力车型上与纯电动汽车上是有一定区别的,在混合动力汽车上有两个正极接线柱,一个正极接线柱是给发动机启动使用的,还有一个正极接线柱是给车辆电网供电使用的。

比亚迪唐 DM 铁电池位置如图 22-9 所示,低压插接件针脚定义如图 22-10 所示。

图 22-9 比亚迪唐 DM 铁电池位置(副驾驶座椅下方)

 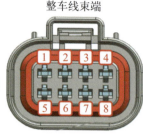

端子号	端子定义
1号针脚	B-CAN_H(250k)
2号针脚	预留
3号针脚	B-CAN_L(250k)
4号针脚	预留
5号针脚	预留
6号针脚	低功耗唤醒机械开关
7号针脚	预留
8号针脚	OFF挡充电控制端

图 22-10　低压插接件针脚定义

K68-6 针脚：超低功耗唤醒功能；低压电池处于超低功耗状态时，可以通过左前门微动开关来唤醒低压电池或者直接给 6 号脚接地唤醒。

K68-8 针脚：OFF 挡充电控制；低压电池电压较低时启动智能充电，BMS 采集到低电平后低压 BMS8 号针脚控制双路电，同时启动电池通过 CAN 线发送低压充电请求命令，DC/DC 工作输出低电压，为低电压电池充电。

比亚迪 e5 铁电池位置如图 22-11 所示。

比亚迪宋 EV 铁电池如图 22-12 ～图 22-14 所示。

 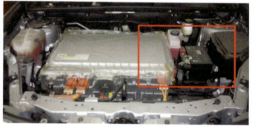

图 22-11　比亚迪 e5 铁电池位置　　　图 22-12　比亚迪宋 EV 铁电池位置

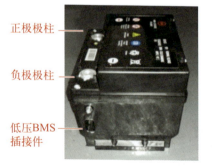 

图 22-13　EV 铁电池外观　　　图 22-14　铁电池 BMS 插接件

1 号针脚—B-CAN-H；3 号针脚—B-CAN-L；
6 号针脚—低功耗唤醒机械开关

低功耗唤醒功能是指在低压电池处于休眠状态的时候，通过左前门微动开关拉低电压使电池 BMS 接通 MOS 管，正极导通。

比亚迪启动型铁电池故障排除流程如图 22-15 所示，具体排除方法如下。

❶ 仪表周期性提示"低压电池电量低，进入智能充电模式"。

a. 使用诊断仪读取 BMS 中单节电压数据。

b. 若发现某一节电压相对其他单节电压严重偏低，智能充电启动后对其充电到正常电压后再放电，监测其电压又迅速下降，则可判断为蓄电池问题。

❷ 若出现以下故障码，则进行以下判断。

a. 整车上 ON 电后，诊断仪无法读取低压电池管理器，显示"系统无应答"，排除电压 BMS 电源和 CAN 总线故障后，可判定为低压电池 BMS 故障，需要更换蓄电池。

b. 若诊断仪读取低压电池管理系统故障，报"B1FB500：电源温度过高故障"，则读取数据流中的蓄电池温度，若异常（高于 85℃）则需要更换蓄电池。

c. 若诊断仪读取低压蓄电池管理系统故障，报"B1FB700：智能充电故障"，可能为低压 BMS、DC/DC 和高压 BMS 故障，需要进一步检测。

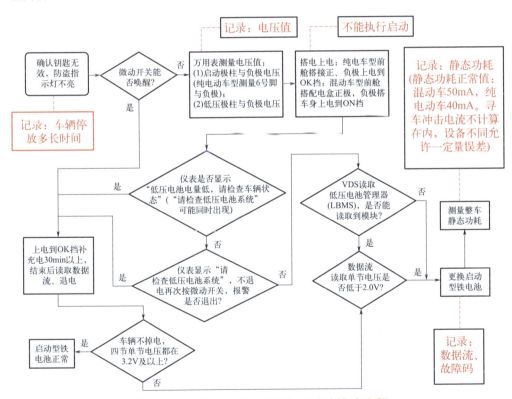

图 22-15　比亚迪启动型铁电池故障排除流程

第二十三课时 驱动电机工作原理

重点知识

1. 电机工作基本原理。
2. 交流异步电机原理。
3. 交流同步电机原理。
4. 开关磁阻电机原理。

新能源汽车的动力源来自电动机，目前主流的新能源汽车使用的电机主要有：永磁同步电机、交流异步电机、开关磁阻电机。直流电机已被市场淘汰，主要原因是其维护频繁，且容易产生高频电磁干扰，影响车上其他电器工作。

无论什么形式的电机，主要是其工作原理不一样。其动力总成结构几乎一致，都是由电机控制器、电机、减速器构成。电机控制器用来控制电机的转速、旋转方向，单极减速器用于给电机减速增扭，如图23-1～图23-3所示。

图23-1 电机减速器

一、电机的基本工作原理

所有的电动机其基本工作原理都是一样的，无论是直流电机、永磁异步交流电机、永磁同步交流电机还是开关磁阻电机，都是应用了磁铁的异极相吸、同极相斥的基本原理来设计的。

图 23-2　驱动电机

图 23-3　电机控制器

如图 23-4 所示是条形永磁铁，其有两个磁极，分别为 S 极和 N 级，条形磁铁的磁力线由 N 极出发指向 S 极。一块磁铁可以吸住铁、镍、钴等金属，两块磁铁放在一起也会出现同极相斥、异极相吸的特性。

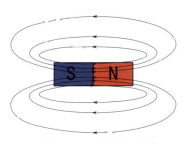

图 23-4　条形永磁铁

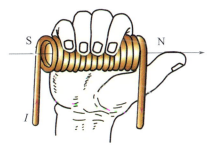

图 23-5　右手螺旋定则

在给导线通电时其周围会形成一个磁场，也就是人们常说的的电生磁现象。若把一根导线按图 23-5 样子绕成一个螺旋状，并在中间放置一个铁芯，那么就构成了一个电磁铁。电磁铁的磁力比普通的永磁铁要强很多，一般大型磁铁都是用电磁铁制作的。

电磁铁的特性是磁力大小可控、磁场方向可控。磁力大小与电磁铁线圈匝数、铁芯材质及通电电流强度有关。一般在相同的电流下线圈匝数越多磁场强度越大；线圈匝数不变，电流强度越大，磁场强度越大；使用不同材质的铁芯会导致磁场强度发生变化。

电磁铁的磁场方向与电流方向可以使用右手螺旋定则来说明，使右手的食指、中指、无名指、小指指向电流方向，那么拇指所指的方向就是磁场的 N 极。

直流电机是最简单的电机，如图 23-6 所示是直流电机原理。直流电机由定子（永磁铁）、转子（线圈绕组）、换向器（线圈通电环）、碳刷（给线圈通电）构成。

直流电机的碳刷连接着电源,当给线圈 C/D 通电的时候,电流就流经接在 C/D 绕组的线圈上,那么线圈就会产生一个磁场。该磁场与定子的永磁铁磁极为同极相斥关系,那么线圈所在的绕组就会被永磁铁推着旋转一个角度,而与转子在一起的换向器也会旋转,即 C/D 离开碳刷位置,A/B 与碳刷接通,那么与 A/B 相连的绕组又形成一个与定子相斥的力,定子会继续推着绕组旋转一个角度。依次类推,电机就会自动地旋转起来。直流电机转子实物如图 23-7 所示。

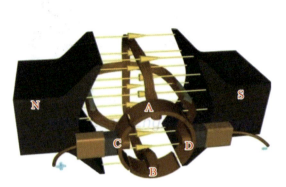

图 23-6　直流电机原理

图 23-7　直流电机转子实物

二、交流异步电机

1. 交流异步电机结构

交流异步电机也被称为感应电机,因其结构简单、运行可靠、价格便宜、过载能力强而被现代工业广泛应用。在新能源汽车上,早期的特斯拉和一些国产的雷丁、唐俊、时风、捷马等品牌也有应用。其主要部件有前后端盖、定子绕组、转子绕组等,如图 23-8 所示。

图 23-8　交流异步电机分解

如图 23-9 所示，定子是由硅钢片叠压而成的，在由硅钢片叠压成的定子中开有线槽。在线槽中装有线圈绕组，线圈按一定规律安装在线槽中。给线圈通电，在定子中就会得到一个旋转的磁场，如图 23-10 所示。

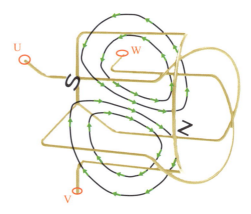

图 23-9　交流异步电机定子　　　图 23-10　定子线圈简化 + 磁场分布

如图 23-11 所示，转子是由转子绕组和转子铁芯构成的，转子铁芯用硅钢片叠压制成，镶套在转子轴上。在铁芯上开有线槽，线槽中安装有铝条或者铜条。两端用导电片将内部的铝条或者铜条连接。

2.交流异步电机工作原理

如图 23-12 所示，当给交流异步电机通入交流电时，由于交流电机内部三相绕组是相互成 120°角绕成的，因此在通入三相交流电的相位角为 120°的时候，在绕组中会产生一个旋转的磁场。

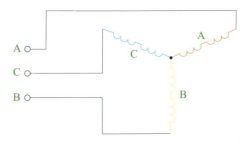

图 23-11　交流异步电机转子结构　　　图 23-12　交流异步电机定子绕组示意

根据转子的结构可以得知，转子内部实际也是一个闭合的导线回路。因此当转子置身于旋转的磁场中，根据法拉第定律，闭合导体中的一部分在磁场中切割磁感线运动，导体中就会产生电流，而这个电流又会形成一个电磁场。

这样在电机中就有两个磁场，一个是外接交流电而产生的定子旋转磁场，另一个是因切割定子磁感线，产生电流，形成的电磁场。根据楞次定律，转子就会跟着定子的旋转磁场开始转动，最终使电机开始旋转，如图 23-13 所示。

而且转子的速度总比定子的磁场旋转速度慢一点，转子总是在"追赶"定子磁场旋转的速度，也就是说，转子和定子是异步运行的。所以将这种产生感应电流的电动机，称为交流异步电机。

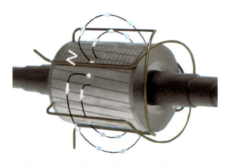

图 23-13　交流异步电机旋转示意

三、特斯拉感应电机

特斯拉是少有的应用感应电机的车型，在特斯拉目前的产品线上，搭载了三种电机，分别为感应异步电机、永磁同步电机、IPMSynRM 内置式永磁同步磁阻电机。感应异步电机以高转速著称，拥有极强的爆发力，但是电机尺寸偏大、耗电量大，因此特斯拉只有在部分车型上安装有感应异步电机，如图 23-14 所示。

2019 年前：

Model S/X 驱动单元（前）　　　感应异步电机
Model S/X 驱动单元（后）　　　感应异步电机

2019 年后 Raven 车型：

Model S/X 驱动单元（前）　　　永磁同步电机
Model S/X 驱动单元（后）　　　感应异步电机
Model 3/y 全系　驱动单元（前）　感应异步电机
Model 3/y 全系　驱动单元（后）　永磁同步电机

(a)　　　　　　　　　(b)

图 23-14　特斯拉感应电机

如图 23-15 所示，特斯拉感应电机的电机控制器与电机是一体的，在电机左边为电机控制器；电机中间部分为减速机构；在减速机构壳体上设置两个油口，分别为齿轮油加注口与齿轮油放油口；右边为电机本体；在电机端盖上安装有电机转速传感器、冷却液管路与冷却液接口。

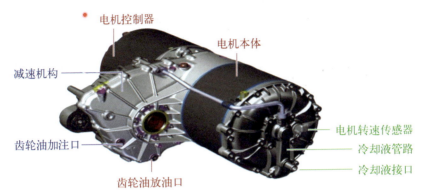

图 23-15　特斯拉感应电机结构

电机齿轮箱内部有润滑油，其主要作用为"润滑"，是用于汽车等机械设备上减速摩擦、保护机械以及加工件的液体或者半固态润滑剂。齿轮箱油是保持齿轮系统清洁的油类用品，起到润滑、延长传动装置寿命的作用，在低温状态下也能进行极有效的润滑，在严苛操作条件下可减少油品的损失。

特斯拉车型原厂齿轮箱润滑油的种类、规格和编号：Model S。

前驱动装置部件号 1035000-00-F 及更早版本：美孚 SHC629。

前驱动装置部件号 1035000-00-J 及更高版本：SK 润滑油 212-B（部件号 1031106-00-A）。

前驱动装置部件号 1478000-00-D 及更高版本：AFT-9.SK 润滑油 422313（部件号 1135241-00-A）。

前驱动装置部件号 1478000-01-D 及更高版本：AFT-9.SK 润滑油 422313（部件号 1135241-00-A）。

后驱动单元（小型和大型电机）：SK 润滑油 212-B-夸脱（部件号 1031106-00-A）。

后驱动单元（小型和大型电机）：SK 润滑油 212-B-滚筒（部件号 1061469-00-A）。

Model 3、Model X、Model Y：AFT-9.SK 润滑 422313（部件号 1135241-00-A）。

第二十四课时
同步永磁电机与电机控制器

重点知识

1. 永磁同步电机结构。
2. 永磁同步电机原理。
3. 永磁同步电机控制器驱动方法。

一、永磁同步电机结构

目前大部分新能源汽车使用的驱动电机都是永磁同步电机,永磁同步电机具有结构简单、体积小、效率高、功率因数高等优点,因此被各大新能源汽车厂商青睐。

新能源汽车的驱动电机一般都是与减速机构一起做成了总成,因此驱动单元又分为驱动电机部分与减速齿轮部分。

如图 24-1 所示,直流永磁电机由壳体、定子铁芯、定子组件、转子组件等构成。电机壳体上设置有水道用于给电机扇热。定子由硅钢片叠压制成,具有高导磁性。在定子硅钢片上开有线槽用于安装线圈绕组,线圈绕组是三个绕组在空间上相互错开 120°而成,三个绕组首尾相连并在每个连接点引出一个接线的称为三角形接法,如果将三个绕组的某一端连接在一起则称为 Y 形接法。转子也由硅钢片叠压制成,并在上面均匀分布安装永磁体,如图 24-2 和图 24-3 所示。

电机引出的三根导线(分别为 U、V、W)连接至电机控制器,电机控制器将来自动力电池的高压直流电转变为三相交流电来驱动电机运转,在制动时电机又将车辆的动能转换为电能并经过电机控制器来给动力电池充电，如图24-4所示。

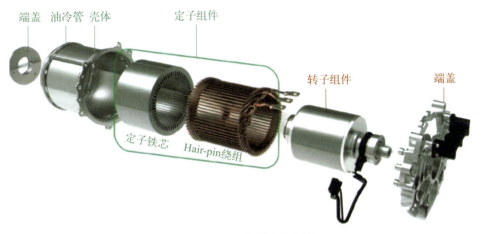

图 24-1　直流永磁电机结构

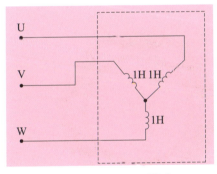

图 24-2　Y形接法

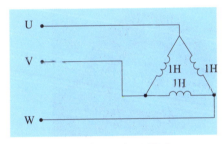

图 24-3　三角形接法

图 24-4　比亚迪秦电机

电机控制器在控制电机旋转时需要精确知道电机的位置以及转速,这个由电机的旋变传感器来检测。旋变传感器又称为旋转变压器,由一个转子和一个定子线圈构成。定子线圈有三个绕组,分别为励磁、正弦、余弦,励磁由电机控制器输入一个正弦交流信号,正弦和余玄由电机控制器输出一个正弦交流信号。信号幅值受转子位置影响,因此电机控制器检测正弦和余弦的低频波形就可以计算出电机转子位置。旋变传感器如图 24-5 所示。

二、永磁同步电机工作原理

永磁同步电机的转子上面安装有永磁体,定子线圈通入交流电后会形成一个旋转的磁场,由旋转的磁场来推动转子的旋转,这是永磁同步电机的基本工作原理。下面以一个电机模型来分析电机的工作原理。

如图 24-6 所示为永磁同步电机的模型,电机转子由永磁体制成,定子线圈分别由 3 组线圈构成,在空间上错开 120°。图 24-6 中红色为一组,蓝色为一组,绿色为一组,灰色部分为电机定子铁芯。

图 24-5 旋变传感器

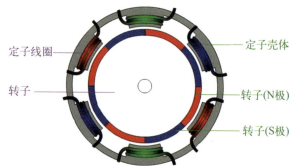

图 24-6 永磁同步电机的模型

首先假设一组线圈通电(绿色),那么通电后可以把绿色线圈当作一个竖直的线圈通电,那么它将会产生类似条形磁铁(当然中间是空的,磁力线是膨胀的而不是像条形磁铁一样的紧束),因此当线圈通电时候则相当于在定子上放了一根条形磁铁。

三组线圈在定子上的布局就相当于将三个条形磁铁摆放成一个米字形,当给三个线圈不断通电的时候,就会产生一个不断旋转的磁场。

在不断旋转的磁场中,内部的转子是一个永磁铁,这样转子就会由于磁力矩的作用与这个旋转的磁场一起发生转动。

由于磁力的作用是瞬间的,因此在线圈磁场发生变化的时候,磁铁能够马上受力并跟着旋转。这里就引出一个词语——同步,同步的意思是磁场发生改变的瞬间能够马上产生跟随的趋势以及力量,所以这也是该电机称为同步电机的由来,因为电机的转子能够跟随定子线圈的旋转同步旋转。

上面介绍的是三组线圈依次通电形成了旋转磁场，但是这个磁场并不平顺，因此线圈在切换通电的过程中磁力会发生变化，如果定子线圈中只有一组线圈形成磁场，那么除了受力很小以外也会因为磁极分布不均匀（只有对角线两个方向），同样受力是不平顺的波浪形。为了解决这个问题，将更多的磁铁放在转子上，这样就形成了一个 S 极和 N 极间隔的永磁转子，同时将线圈的极数增加，这样不停地给线圈通电使得定子形成一个旋转的磁场。由于转子任意方向都受磁力作用，因此转子就稳定地旋转起来了。电机转子实物如图 24-7 所示。

电机在工作时其转子是带着负载的，如果负载较大而电机定子线圈通电电流较小时，所产生的磁场力矩不足以推动转子旋转，就会导致转子失速。因此在电机上面会安装一个旋变传感器来识别转子位置，用以更加合理地控制电机电流与电压。

如图 24-8 所示，旋变是由定子绕组和转子绕组构成的。定子绕组相当于变压器，励磁绕组相当于变压器的初级线圈，余弦绕组和正弦绕组相当于变压器的次级绕组。

图 24-7 电机转子实物

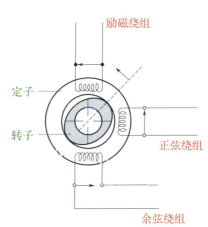

图 24-8 旋变线圈示意图

电机控制器给励磁绕组输入一个交流电后，在旋变的余弦和正弦绕组也会感应出一个交流电动势。输出交流电电压受转子位置影响，转子是一个不规则的圆形，那么励磁线圈和正弦与余弦之间的气隙大小是会变化的。气隙大的位置感应出来的交流电压会较低，气隙小的地方感应出来的交流电压较高。

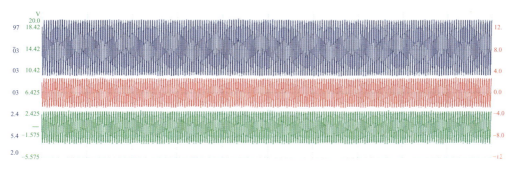

图 24-9 转子固定时的旋变波形

如图 24-9 所示为转子固定时的旋变波形，蓝色为励磁，红色为正弦，绿色为余弦。此时正弦和余弦电压幅值没有变化。

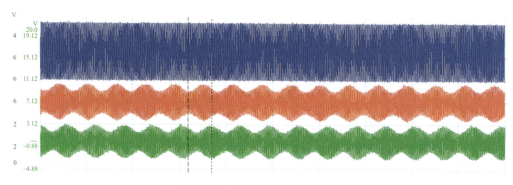

图 24-10 转子旋转时的旋变波形

如图 24-10 所示为转子旋转时的旋变波形，可以明显看到正弦和余弦的电压幅值发生了变化，并且是幅值最高的地方和最低的地方刚好错开 90°，这样电机控制器就可以根据旋变的信号来计算当前转子的位置。

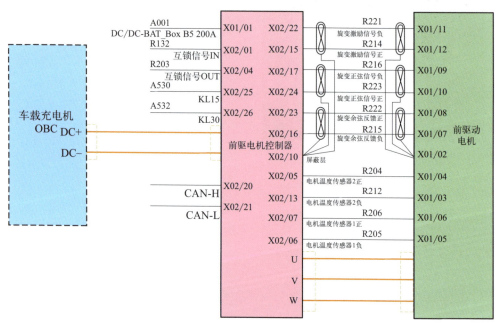

图 24-11 电机电路

电机旋变传感器的检测一般只需要检查线圈的阻值即可，励磁绕组的阻值为 8Ω 左右，正弦和余弦绕组阻值为励磁绕组的 2 倍即 16Ω 左右。如果旋变传感器的转子或者线圈位置改动过，需要使用解码器做旋变传感器的零点校准。电机电路如图 24-11 所示。

第二十五课时
电机驱动与电机控制器

重点知识

1. 电机控制器原理。
2. 常见车型电机控制器。

一、电机控制器原理

电机控制器原理如图 25-1 所示,高压直流电源进入控制器后给电容充电。电容在电机控制器内部起功率补偿作用。当电机需要大功率的时候,由于电池电流跟不上,因此由电容补偿供电。

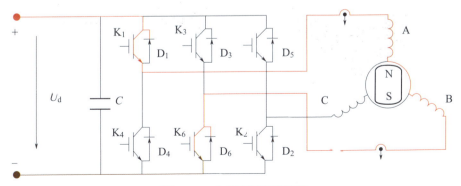

图 25-1　电机控制器原理

图 25-1 中 $K_1 \sim K_6$ 为 IGBT 驱动管，在电路中起电子开关的作用。由主控电路驱动其闭合或者断开。K_1、K_3、K_5 为电桥的上臂，K_4、K_6、K_2 为电桥的下臂。主控电路交替地控制上臂与下臂中的某一个 IGBT 驱动管导通，使电流流过线圈产生一个旋转的磁场。

❶ 电流经 IGBT K_1 →线圈 A →线圈 B → IGBT K_6 →负极（K_1、K_6 导通）。

❷ 电流经 IGBT K_3 →线圈 B →线圈 C → IGBT K_2 →负极（K_3、K_2 导通）。

❸ 电流经 IGBT K_5 →线圈 C →线圈 A → IGBT K_4 →负极（K_5、K_4 导通）。

电机控制器的主要功能包括车辆的怠速控制（蠕行）、控制电机正转（前进）、控制电机反转（倒车）、能量回收（交流转直流）驻车（防止溜车）。电机控制器的另一个重要作用是通信和保护，实时进行状态和故障检测，保护驱动电机系统和故障反馈。

❶ D 挡加速行驶模式。

❷ R 挡加速行车模式。

❸ 制动能量回收模式。

❹ E 挡行驶模式（节能模式）。

电机控制器在工作时需要满足以下工作条件：

❶ 高压电源输入正常；

❷ 绝缘性能正常；

❸ 低压 12V 电源供电正常；

❹ CAN 通信正常；

❺ 电容充放电正常；

❻ 旋变传感器信号正常；

❼ 三相交流输出电路正常；

❽ 电机控制器与电机的温度正常；

❾ 开盖保护开关信号正常（若有）。

电机控制器主要由接口电路板、控制主板、IGBT 模块（驱动）、超级电容、放电电阻、电流传感器、壳体水道组成，如图 25-2～图 25-7 所示。

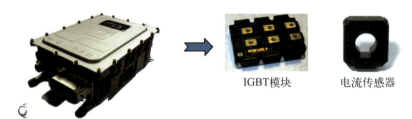

图 25-2 北汽电机控制器

接口电路板主要用于连接外部电路，一般与控制主板为一体。

控制主板是整个电机控制器的核心电路板，也是电机控制器的控制单元。控制主板接收来自于外界的油门踏板深度信号、刹车信号、挡位信号、电机温度信号来计算电机需要的转速与扭矩。在控制电机转速的同时检测旋变传感器信号与三相交流电的电流，用以精确控制电机。

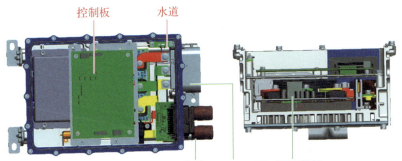

图 25-3 电机控制器 3D 结构

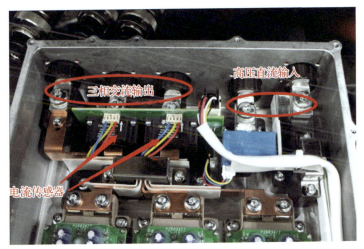

图 25-4 电机控制内部高压接口

图 25-5 电机控制内部实物

图 25-6 电机控制内部结构

图 25-7 电机控制器内部

IGBT 模块是由 6 个 IGBT 功率管组成的一个驱动电路。由控制主板驱动 IGBT 的开关来实现直流电转交流电来控制电机旋转。

超级电容并联在高压直流电的输入端，用于储存电能，是电机控制器的电功率补偿电容。在急加速工况下，由电容并联给电机供电，用以弥补动力电池供电电流不足的问题。

放电电阻并联在高压直流输入端，在车辆下电后由放电电容主动泄放电容储存的电能，用以保护维修人员的人身安全。

电流传感器安装在三相交流电的输出端，用以检测三相交流电输出的电流，反馈给控制主板来精确控制电机的扭矩。

壳体上的散热水道是用来给 IGBT 扇热的，因为 IGBT 在工作的时候会产生高温，如果不及时散热会烧毁 IGBT 模块。

二、比亚迪唐前驱电机控制器与 DC 总成

比亚迪唐前驱电机位置如图 25-8 所示，其实物如图 25-9 所示。电机控制器参数见表 25-1。

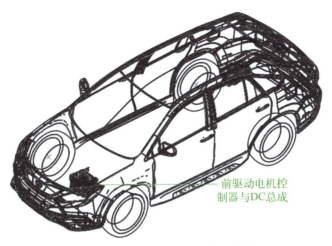

图 25-8　比亚迪唐前驱电机位置

图 25-9　前驱电机安装位置实物

表 25-1　电机控制器参数

零部件	项目		技术参数
前驱电机控制器	输入	低压输入电压	6～16V（额定电压 12V）
		高压输入电压	400～820V（额定 706V）
	输出	最大输出扭矩	200N·m
		最大输出功率	110kW
		额定功率	40kW
	电机类型		永磁同步电机
	高压侧波纹		小于 5%
	回馈电压		≤动力电池电压的 125%
	额定功率效率		≥95%（输出功率大于 10kW 时效率 90% 以上）
	耐压值		2700V AC，测试小于 1min，测试频率 50Hz
	绝缘电阻		10MΩ

续表

零部件	项目		技术参数
DC/DC	项目		降压模式
	高压侧	电压范围	400～820V
		功率范围	最大 2.52kW（输入电压为 706V）
	低压侧	电压范围	9.5～14V@400～600V 14.0V±0.2V@600V 以上
		电流范围	额定 150A 峰值 180A

1. DC/DC 概述

电池包高压直流与低压直流相互转换的装置，负责将动力电池的高压转换为 12V 电源。

DC/DC 在主接触器吸合时工作，输出的 12V 电源供给整车用电器工作，并且在铁电池亏电时给铁电池充电。比亚迪唐 DC/DC 原理如图 25-10 所示。

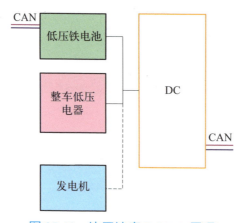

图 25-10　比亚迪唐 DC/DC 原理

比亚迪唐前驱电机控制器电路如图 25-11 所示，比亚迪唐前驱电机控制器插接件如图 25-12 所示，插接件端子如图 25-13 和表 25-2 所示。

DC/DC 故障码定义见表 25-3。

2. 故障告警检查

（1）P1EC000——降压时高压侧电压过高

❶ 检查动力电池电压。正常值：400～820V。异常：检查动力电池故障。

❷ 检测高压母线电压。正常值：400～820V。异常：检查高压配电盒及高压线路。

（2）P1EC200——降压时低压侧电压过高

❶ 检查低压电池电压。正常值：9～16V。异常：检修或更换低压电池。

❷ 检查低压发电机输出电压。正常值：16V。异常：更换发电机。

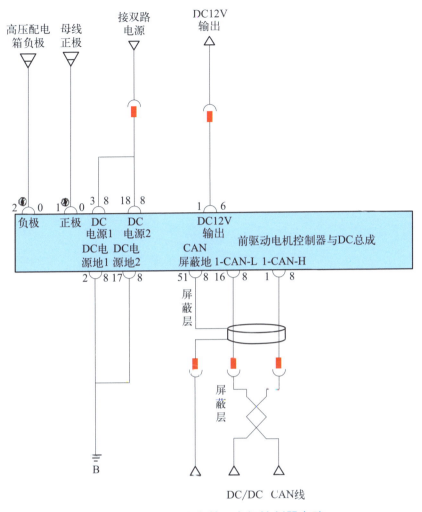

图 25-11 比亚迪唐前驱电机控制器电路

图 25-12 比亚迪唐前驱电机控制器插接件

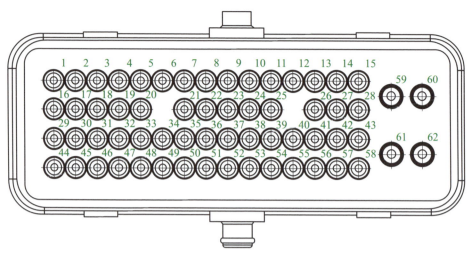

图 25-13　DC/DC B51 插接件端子

表 25-2　比亚迪唐前驱电机控制器插接件端子

连接端子	端子描述	线色	条件	正常值
B63-1 车身地	12V 输出正极	R	EV 模式，ON 挡	13.5～14.5V
B51-1 B51-16	CAN-H CAN-L	P V	OFF 挡位	54～69Ω
B51-2 车身地	DC 电源地	B	OFF 挡位	小于 1Ω
B51-14 车身地	DC 电源地	B	OFF 挡位	小于 1Ω
B51-3 B51-17	DC 双路电 DC 电源地	Y/R B	ON 挡位	11～14V
B51-18 B51-17	DC 双路电 DC 电源地	Y/R B	ON 挡位	11～14V

表 25-3　DC/DC 故障码定义

序号	故障码	故障码定义	序号	故障码	故障码定义
1	P1EC000	降压时高压侧电压过高	6	P1EC700	降压时硬件故障
2	P1EC100	降压时高压侧电压过低	7	P1ECA00	升压时高压侧电压过高
3	P1EC200	降压时低压侧电压过高	8	P1ECB00	升压时低压侧电压过高
4	P1EC300	降压时低压侧电压过低	9	P1ECC00	升压时低压电压过低
5	P1EC400	降压时低压侧电流过高	10	P1ECD00	升压时低压侧电流过高

续表

序号	故障码	故障码定义	序号	故障码	故障码定义
11	P1ECF00	升压时高压侧电压过低	15	U012200	与低压 BMS 通信故障
12	P1EE000	散热器过温	16	U011100	与动力电池管理器通信故障
13	U010300	与 ECM 通信故障	17	U029D00	与 ESC 通信故障
14	U011000	与驱动电机控制器通信故障	18	U014000	与 BCM 通信故障

（3）P1EE000——散热器过温

❶ 检查冷却液。

❷ 检测冷却液管路及水泵。

❸ 更换前驱动电机控制器与 DC 总成。

前驱动电机控制器是控制动力电池与前驱动电机之间能量传输、控制后驱动电机控制器、发动机的装置。主要功能为控制前驱动电机、通过控制后驱动电机控制器间接控制后驱动电机和发机共同驱动车辆行驶，同时包括 CAN 通信、故障处理、在线 CAN 烧写、与其他模块配合完成整车的工作要求以及自检等功能。前驱电机控制器原理如图 25-14 所示，前驱电机外观见图 25-15，前驱电机电压插接件如图 25-16 所示。前驱电机控制器插接件及其端子连接分别如表 25-4 和表 25-5 所示。

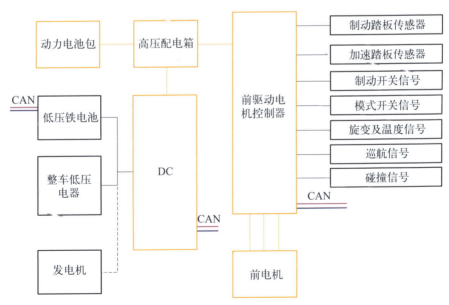

图 25-14　前驱电机控制器原理

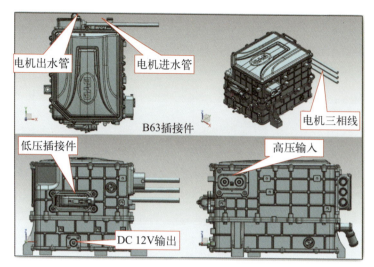

图 25-15　前驱电机外观

图 25-16　前驱电机电压插接件

表 25-4　前驱电机控制器插接件

插接件编号	厂商	护套型号	端子型号	类型	描述
B	通茂	QCL3-62ZJH		公端	64PIN 低压插接件

	厂商	护套型号	端子型号	备注
产品端图例				
线束端	通茂	QCL3-62TKY	TM6.571.2564（16#） TM6.571.2563（20#）	

表 25-5　前驱电机控制器插接件端子连接

连接端子	引脚名称/功能	条件	正常值
B51-4～B51-61	高压互锁输入2	ON 挡	PWM 信号
B51-5～B51-61	水泵检测输入	OK 挡，EV 模式	10～14V
B51-6	预留	预留	预留
B51-7	预留	预留	预留
B51-8	预留	预留	预留
B51-9～B51-61	CRASH-IN 碰撞信号	ON 挡	PWM 信号
B51-10～B51-39	GND 水温检测电源地	OFF 挡	小于 1Ω
B51-11～B51-39	GND 巡航信号地	OFF 挡	2150～2190Ω
B51-12～B51-61	GND 油门深度电源地1	OFF 挡	小于 1Ω
B51-13～B51-61	GND 油门深度电源地2	OFF 挡	小于 1Ω
B51-14～B51-61	GND 刹车深度电源地2	OFF 挡	小于 1Ω
B51-15～B51-61	+5V 刹车深度电源1	ON 挡	0～5V
B51-19～B51-61	手刹信号	ON 挡	0～12V 高低电平信号
B51-20～车身地	高压互锁输入1	ON 挡	PWM 信号
B51-21	调试 CAN-H	预留	预留
B51-22	调试 CAN-L	预留	预留
B51-23～车身地	KEY CONTROL 钥匙信号	预留	预留
B51-24～车身地	GND 水压检测地	预留	预留
B51-25～车身地	+5V 水压检测电源	预留	预留
B51-26～车身地	+5V 油门深度电源1	ON 挡	0～5V 电源
B51-27～车身地	+5V 油门深度电源2	ON 挡	0～5V 电源
B51-28～车身地	GND 刹车深度电源地1	OFF 挡	小于 1Ω
B51-29～B51-44	励磁+ 励磁-	OFF 挡	7～10Ω
B51-30～B51-45	正弦+ 正弦-	OFF 挡	15～19Ω
B51-31～B51-46	余弦+ 余弦-	OFF 挡	15～19Ω
B51-32～车身地	预留	预留	预留
B51-34	预留	预留	预留
B51-35～B51-61	水泵控制	ON 挡	10～14V
		水泵未工作	
		OK，EV 模式水泵工作	小于 1V
B51-36～B51-37	CAN-L CAN-H	OFF 挡	54～69Ω
B51-38～车身地	GND 电机温度地	OFF 挡	小于 1Ω

续表

连接端子	引脚名称/功能	条件	正常值
B51-39～B51-11	巡航信号	OFF挡	2150～2190Ω
B51-40～车身地	水温信号	ON挡	0～5V模拟信号
B51-41～车身地	油门深度信号1	ON挡	0～5V模拟信号
B51-42～车身地	GND刹车深度屏蔽线	OFF挡	小于1Ω
B51-43～车身地	+5V刹车深度电源2	ON挡	4.5～5.5V
B51-47～车身地	GND旋变屏蔽地	OFF挡	小于1Ω
B51-48～车身地	脚刹信号	预留	预留
B51-49～车身地	铁电池切断继电器	预留	预留
B51-50	风扇低速控制输出（空）	预留	预留
B51-51～车身地	GND（CAN）CAN屏蔽线	OFF挡	小于1Ω
B51-52～车身地	电机过温	预留	预留
B51-53～车身地	电机绕组温度	ON挡	0～5V模拟信号
B51-54～车身地	水压检测信号	预留	预留
B51-55～车身地	GND油门深度屏蔽	OFF挡	小于1Ω
B51-56～车身地	油门深度信号2	ON挡	0～5V模拟信号
B51-57～车身地	刹车深度信号1	ON挡	0～5V模拟信号
B51-58～车身地	刹车深度信号2	ON挡	0～5V模拟信号
B51-59～车身地	外部电源地	OFF挡	小于1Ω
B51-60～B51-61	外部电源12V正极	ON挡	10～14V
B51-61～车身地	GND外部电压地	OFF挡	小于1Ω
B51-62～B51-61	外部电源12正极	ON挡	10～14V

3. 标准数据流参考（图25-17～图25-19）

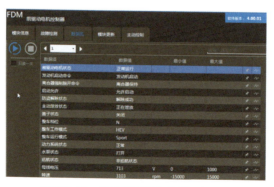

图25-17 标准数据流参考（一）

4. 常见驱动故障分析

电机控制器出现故障的时候，整车一般表现为无 EV 模式，仪表显示"请检查动力系统"，检测故障时需要使用诊断仪进入"电机控制器"模块，读取数据流和故障码进行分析。如果无法进入系统，应检查电机控制器的电源与通信线路。

图 25-18　标准数据流参考（二）

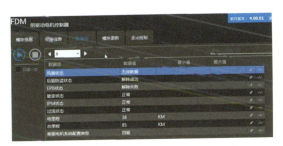

图 25-19　标准数据流参考（三）

常见故障码诊断流程如下。

（1）故障码为"P1B0100：IPM 故障"　先尝试故障码是否可以清除，然后多次上电后再试车，如果不出现则为偶发故障。如果继续出现请检查：直流母线到三根相线管压降是否正常，若压降不正常更换电机控制器总成；若管压降正常，则确认是否还报其他故障，根据其他故障码进行排查，若无效则更换驱动电机控制器总成。

直流母线与三相线管压降测量方法见表 25-6。

表 25-6　直流母线与三相线管压降测量方法

端子	万用表连接	正常值	备注
三相线 A/B/C- 直流母线正极	正极 - 负极	0.32V 左右	▷⊢
直流母线负极 - 三相线 A/B/C	正极 - 负极	0.32V 左右	
三相线 A/B/C- 与车身地阻抗	正极 - 负极	10MΩ	

（2）故障码为"P1B0500：高压欠压"　先尝试故障码是否可以清除，然后多次上电后再试车，如果不出现则为偶发故障。如果继续出现应检查：

❶ 读取动力电池电压，若小于 400V，则对动力电池、高压配电箱和高压线路进行检查；

❷ 用诊断仪读取电机控制器直流母线电压（正常值 400～820V），同时对比 DC 母线电压，若都不正常，则检查动力电池、高压配电箱和高压线路；

❸ 若驱动电机控制器母线电压和 DC 高压侧电压，一个正常，一个不正常，则更换驱动电机控制器与 DC 总成。

（3）旋变信号异常检查（表 25-7）。

表 25-7　旋变信号异常检查

P1BBF00	前驱动电机旋变故障——信号丢失
P1BC000	前驱动电机旋变故障——角度异常
P1BC100	前驱电机旋变故障——信号幅值减弱

（4）检查低压插接件（图 25-20）

❶ 退电 OFF 挡，拔掉电机控制器低压插接件。

❷ 测 B51-44 和 B51-29：8.3Ω±2.0Ω。测 B51-45 和 B51-30：16Ω±4Ω。测 B51-46 和 B51-31：16Ω±4Ω。

❸ 如果 ❷ 所测电阻正常，则检查电机旋变插接件是否松动，如果不松动，则为动力总成故障。

图 25-20　检查低压插接件

（5）过温故障检测（表 25-8）

表 25-8　过温故障检测

1	P1BB300	前驱电机控制器 IGBT 过温告警
2	P1BB400	前驱电机控制器水温过高报警
3	P1BC700	前驱电机控制器 IPM 散热器过温故障
4	P1BC800	前驱电机控制器 IGBT 三相温度校验故障报警

❶ 电机冷却系统防冻液不足或者有空气。
❷ 电机水泵不工作。
❸ 电机扇热器堵塞。
❹ 前驱电机控制器故障。
（6）电机缺相、电机过流故障检查（表25-9）

表 25-9　电机缺相、电机过流故障检查

1	P1BC200	前驱动电机缺 A 相
2	P1BC300	前驱动电机缺 B 相
3	P1BC400	前驱动电机缺 C 相
4	P1B0000	前驱动电机过流

（7）检查电机三相线（图 25-21）
❶ 关闭钥匙下高压电，取下维修开关。拔掉电机三相线高压插接件。
❷ 电机 A、B、C 三相高压线之间阻值为 0.36Ω±0.02Ω。
❸ 如果测量阻值异常，则检查插件是否松动，如果没有则更换电机总成。

图 25-21　电机绕组测量

第二十六课时
混合动力汽车原理与分类

重点知识

1. 混合动力汽车的分类。
2. 混合动力汽车的原理。

国标《电动汽车术语》（GB/T 19596—2004）对于混合动力汽车的定义是，至少能从下述两类车载储存的能量中获取得到汽车动力的汽车：可消耗的燃料；可再充电能/能量储存装置。

因此混合动力汽车的特点是发动机动力与电动机动力的两种组合，通常把汽油发动机（燃气发动机）与电动机两种动力组合而成的混合动力汽车简称为油电混合动力汽车/气电混合动力汽车；把柴油发动机与电动机两种动力组合而成的混合动力汽车简称为柴油动力混合电动汽车。

混合动力汽车的优点：发动机可工作在经济工况区，排放低，燃油消耗少；发动机不在全负荷和加速工况工作，噪声小；可以回收制动时的能量和利用已有的燃油设施等。当然，混合动力汽车推广中也存在一些问题，如与传统汽车相比，动力系统复杂，成本较高，以及动力系统的重量增加，占用空间增大，故障率高于传统汽车等。

一、混合动力汽车的分类

1. 按照动力系统结构分类

（1）串联式混合动力汽车　特点：车辆行驶系统的驱动只来源于电机的混合动力

汽车。结构特点为发动机只带动发电机发电，电能通过电机控制器输送给电机，由电机驱动车辆行驶。另外，动力电池可以单独向电机提供电能驱动车辆行驶，如图26-1所示。

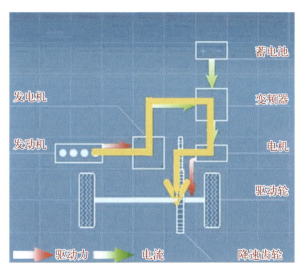

图26-1　串联式混合动力

（2）并联式混合动力汽车　特点：车辆行驶系统由电机以及发动机同时驱动或者单独驱动的混合动力汽车，如图26-2所示。

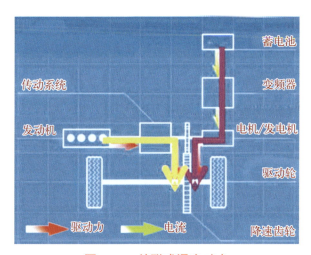

图26-2　并联式混合动力

（3）混联式混合动力汽车　特点：具备串联和并联两种混合动力系统结构的混合动力汽车。可以在串联模式下工作，也可以在并联模式下工作，同时兼顾了串联式和并联式混合动力汽车的特点，如图26-3所示。

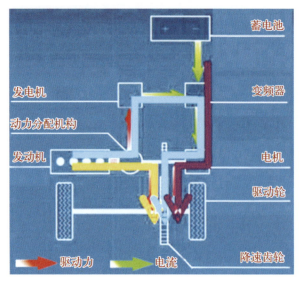

图 26-3　混联式混合动力

2. 按照混合度划分

（1）微混合动力汽车　特点：以发动机为主要动力源，电机作为辅助动力，具备制动能量回收的混合动力汽车。电机的峰值功率和总功率的比值小于 10%。

（2）轻度混合动力汽车　特点：以发动机为主要动力源，电机作为辅助动力，在车辆加速爬坡的时候，电机可向车辆行驶系统提供辅助驱动力矩的混合动力汽车。一般情况下，电机的峰值功率和总功率之间的比值大于 10%。

（3）重度混合（强混合）动力汽车　特点：发动机或者电机为动力源，一般情况下，电机的峰值功率和总功率的比值大于 30%，且电机可以独立驱动车辆正常行驶的混合动力汽车。

3. 按照外接充电能力划分

（1）插电式混合动力汽车（PHEV）　车辆动力电池除了可以通过发动机驱动的发电机来获取电能外，还可以通过充电口给车辆动力电池充电。通常插电式混合动力汽车动力电池的容量大，可以依靠电力行驶较长距离，当动力电池电量低时系统将启动发动机来给动力电池充电。

（2）非插电式混合动力汽车（HEV）　车辆动力电池只能通过发动机驱动的发电机来获取电能，车辆未配备充电口，不能对动力电池进行充电。动力电池的电量来源，唯一的途径就是来自车辆发动机。

4. 按照电机位置分类（图 26-4）

❶ P0：电机位于发动机前端的皮带上。

❷ P1：电机与发动机曲轴直接耦合，不经过离合器。

❸ P2：电机靠近变速箱，与发动机曲轴通过离合器耦合。

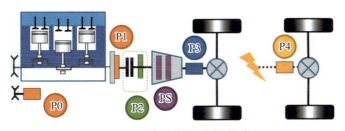

图 26-4　按照电机位置分类

❹ PS：电机位于变速箱内部。
❺ P3：电机位于变速箱后端。
❻ P4：电机位于另外一个驱动桥上，如果为前驱车辆，P4 电机则位于后桥上；如果是后驱车辆，电机则位于前桥上。

二、混合动力汽车运行原理

1. 串联式混合动力汽车

串联式混合动力汽车的动力系统的结构形式与驱动方式参见图 26-1。串联式混合动力系统利用发动机动力发电，发出的电力部分给动力电池充电，部分用于给驱动电机供电。如果是插混车辆，还具备外界式充电口给动力电池充电。

串联式混合动力汽车的基本结构包括由发动机、发电机、电动机、电机控制器、动力电池等。发动机以经济工况运行驱动发电机发电，发电机发出的电力一边给电动机提供电力，一边给动力电池充电。由于发动机的动力是以串联方式输送给电动机的，所以称为"串联式混合动力系统"。

目前市面上具有代表性的串联式混合动力汽车是理想汽车公司的"理想 ONE"，市场上称"理想 ONE"为增程式混合动力汽车。增程式混合动力实际指的就是串联式混合动力汽车，"理想 ONE"汽车使用 1.2T 发动机驱动发电机来发电，发出的电能部分直接驱动电动机，部分给动力电池充电。

在串联式混合动力系统中发动机唯一的功能就是发电，而驱动车轮的转矩全部来自电动机。动力电池起到平衡发电机输出功率和电动机输出功率的作用。当发电机的发电功率大于电动机需要的功率时，整车控制器会控制发电机向动力电池充电。当发电机输出功率低于电动机所需的功率时，动力电池向电动机提供额外的电能。串联式结构可使发动机不受汽车行驶工况影响，始终在其最佳工作区域稳定运行，因此可以降低汽车的油耗与排放。串联式混合动力汽车的结构简单，控制容易，但是由于发动机的输出需要全部转化为电力再变为驱动汽车的机械能，而机电能量转换和动力电池充放电的效率较低，因此使得串联式结构的能量利用率较低。此时为大功率工况，如图 26-5 所示。

当车辆处于起步、加速、爬坡工况时，发电机和动力电池同时给电动机提供电能。此时为中等功率工况，如图 26-6 所示。

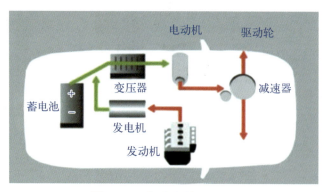

图 26-5 大功率输出工况

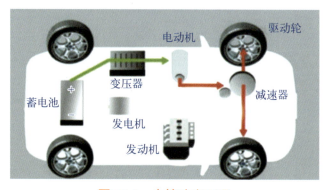

图 26-6 中等功率工况

当车辆处于低功率、滑行、怠速的工况时,则由动力电池驱动电机。如图 26-7 所示。

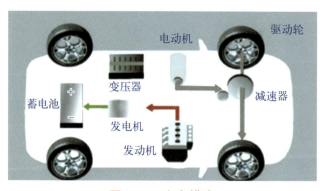

图 26-7 充电模式

当电池组缺电的时候,则由发电机组给动力电池充电。

2. 并联式混合动力汽车

并联式混合动力汽车一般有两种驱动模式:一种是发动机辅助混合动力模式;另一种是电机辅助混合动力模式。

（1）发动机辅助混合动力模式　这种模式主要利用电池-电机系统来驱动车辆，仅当以较高的巡航速度行驶、爬坡和急加速时才使发动机启动。这种控制模式的优点是大多数情况下车辆都是用电池的电能来工作，即纯电动模式，车辆的排放和燃油消耗较少，同时可以取消发动机的起动机而利用车辆运动的惯性启动发动机，如图26-8所示。这种控制模式的缺点是，由于发动机每次关机期间，发动机和催化转化装置的温度降低而导致它们的效率降低，废气排放增加。

（2）电机辅助混合动力模式　这种模式主要利用发动机来驱动车辆，电机只在两种状态下使用：一是用于瞬间加速和爬坡需要峰值功率时，可使发动机工作在最高效率区间，以降低排放和减少燃油消耗，即混合模式，如图26-9所示；二是在车辆减速制动时电机被用来回收车辆的制动动能对电池进行充电，如图26-10和图26-11所示。这种模式的主要缺点是车辆不具备纯电动模式，在行驶过程中若经常加速，电池的电能消耗到最低限度，则会失去电机辅助能力，驾驶员会感到车辆动力性能有所降低。

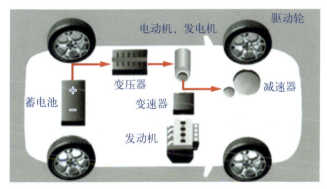

图26-8　纯电动模式

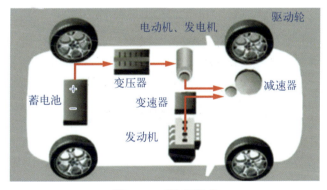

图26-9　混合模式

3.混联式混合动力汽车

混联式混合动力汽车一般有五种模式，在不同的驱动模式下电脑将控制动力系统以不同的方式工作。

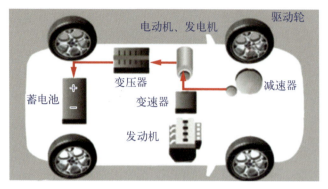

图 26-10　能量回收模式

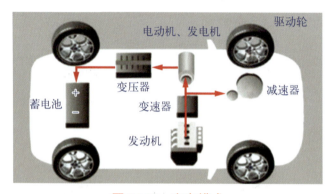

图 26-11　充电模式

在启动以及中低速行驶的时候，发动机效率低。因为发动机可能会被关闭，所以仅由电动机驱动车辆。如图 26-12 所示。

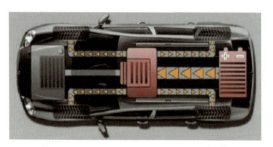

图 26-12　混联式混合动力汽车驱动模式（一）

在正常行驶的时候，发动机作为主动力源，由动力分离装置将动力分为两路：一路驱动发电机进行发电，产生电力驱动电动机运行；另一路直接驱动车辆，系统将自动对两路动力进行最佳分配，以达到效率最大化。如图 26-13 所示。

当车辆加速时，动力电池为电动机提供电能，电动机将以最大功率运行，同时发动机也为车辆提供动力。如图 26-14 所示。

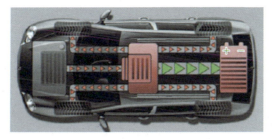

图 26-13　混联式混合动力汽车驱动模式（二）

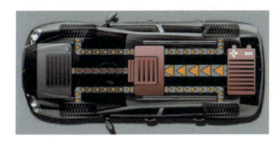

图 26-14　混联式混合动力汽车驱动模式（三）

当车辆减速的时候，车轮因为惯性的原因驱动电动机发电，此时电动机变成了发电机，车辆制动能量变成了电能，即制动能量回收模式。如图 26-15 所示。

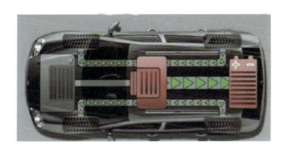

图 26-15　混联式混合动力汽车驱动模式（四）

当动力电池的电量下降到一定程度时，系统会启动发动机来为动力电池补充电能。如图 26-16 所示。

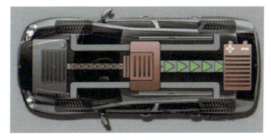

图 26-16　混联式混合动力汽车驱动模式（五）

第二十七课时
奔驰 48V 轻混系统

重点知识

1. 微混 / 轻混车型结构认识。
2. 奔驰 48V 轻混结构与系统运行逻辑。

一、微混 / 轻混车型结构认识

48V 轻混系统在很多车型上都有应用，其优点是有助于节约燃油，提高驾驶乐趣。按照 48V 轻混系统的电机安装位置不同，一般可分为 ISG 电机和 BSG 电机。无论是 ISG 电机还是 BSG 电机，都是因为原来的 12V 电源功率太低，各大汽车厂家为了实现轻混，又加入了一套 48V 电源系统。利用 12V 供电电压和 250A 的最大电流，可以从车载电气系统中获取的最大功率不超过 3kW，而 48V 系统可将最大功率提高到 12kW，如图 27-1 所示。

48V 轻混系统主要由电机、集成动力电池和 DC/DC 的动力单元、电机控制器几大核心部件构成。由于有了更大的车载功率，因此车辆上很多大功率用电系统也发生了一些变化，例如车辆上的空调系统做了改进，使用 48V 电动压缩机，制动系统增设了 48V 电动真空泵，并且制动主缸做了改进，以满足能量回收的需求。冷却主回路水泵也改进为 48V 水泵。在新一代车型中，甚至使用了 48V 电动悬挂、PTC 加热和前挡加热。

车辆中带集成式起动机 - 发电机的组件概览（S 级改款，W222）如图 27-2 所示。BSG 电机位置如图 27-3 所示。ISG 电机位置如图 27-4 所示。

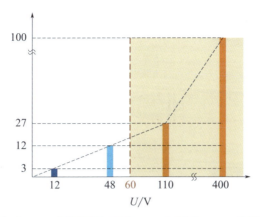

图 27-1 加入 48V 轻混系统后的 ISG 电机和 BSG 电机功率曲线

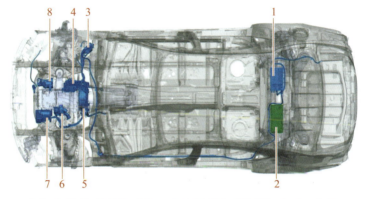

图 27-2 车辆中带集成式起动机-发电机的组件概览（S 级改款，W222）

1—由 48V 蓄电池和直流/直流转换器组成的动力单元；2—12V 车载电气系统蓄电池；3—48V 熔断器；4—集成式起动机/发电机的功率电子装置；5—集成式起动机-发电机；6—电动 48V 辅助压缩机；7—电动 48V 制冷压缩机；8—电动 48V 水泵

图 27-3 BSG 电机位置（M264 前视图） 图 27-4 ISG 电机位置（M254 后视图）

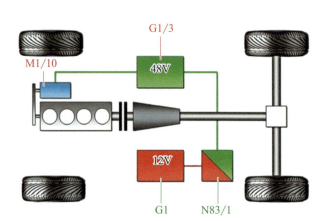

图 27-5　BSG 电机的工作原理

G1—车载电网蓄电池；G1/3—48V 车载电网蓄电池；M1/10—BSG 电机；N83/1—DC/DC

　　BSG 电机的工作原理如图 27-5 所示，它属于皮带驱动式电动机，安装在原来 12V 发电机位置，通过皮带与发动机曲轴连接。普通燃油车的 12V 发电机在发动机运行时会通过皮带与曲轴连接并发电给整车电网供电，同时给蓄电池充电。BSG 电机取代了之前的 12V 发电机。除发电机功能外，皮带驱动起动机 - 发电机（BSA）还会利用 48V 锂离子电池的电能产生扭矩，从而为内燃机提供支持。扭矩可能是正向，也可能是反向，从而使发动机有效运转，并将多余的能量存储到蓄电池中。

　　BSG 电机的结构如图 27-6 所示，它在系统中主要有以下三种工作状态。

图 27-6　BSG 电机的结构

　　（1）起动机模式　BSG 电机在发动机处于熄火状态时介入工作，可以快速启动发动机并且产生的噪声很小。

　　（2）发电机模式　发动机正常运转时 BSG 电机处于发电模式，发电电压为 48V，给 48V 电池充电。由双向 DC/DC 将 48V 电压降压给 12V 铅酸蓄电池充电。

　　（3）动能回收模式　动能回收模式实际也是发电机模式，BSG 电机通过皮带与动系统和车轮耦合,将车辆的动能转换为电能给 48V 锂离子电池充电。

ISG 电机安装在发动机与变速箱之间,发动机的曲轴与电机转子连接。ISG 电机的功率一般远大于 BSG 电机,因此 ISG 电机可以减轻发动机的负担,大大提升了整个动力系统的工作效率,在车辆加速时电机参与助力,在车辆减速时可以实现能量回收。

ISG 电机的结构如图 27-7 所示,一般情况下功率相对 BSG 电机要大得多,其主要有以下四种工作模式。

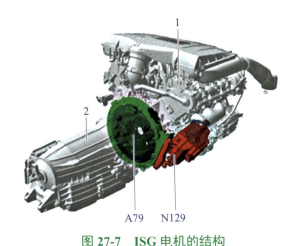

图 27-7　ISG 电机的结构

1—发动机;2—自动变速箱;N129—电机控制器;A79—ISG 电机

(1)起动机模式　ISG 电机在发动机熄火的时候,可以介入工作并快速启动发动机。ISG 电机在启动发动机的时候速度快,噪声低。

(2)发电机模式　在车辆启动后,车辆处于静止状态或者匀速行驶的时候。ISG 电机处于发电机模式,发电电压 48V,给 48V 锂离子电池充电。由双向 DC/DC 将 48V 电压转换为 12V 电压给 12V 铅酸蓄电池充电。

(3)加速助力模式　在车辆起步或者急加速的时候,电机控制器将会控制 ISG 电机为电动机模式,并以最大功率协助发动机驱动车辆,这样车辆便有了良好的加速体验。

(4)动能回收模式　在车辆减速制动的时候,ISG 电机通过传动系统与车轮耦合将车辆的动能转换为电能,这样可以有效地降低车速,并且可以利用车辆的动能发电,给 48V 锂离子电池充电。

无论是 BSG 电机还是 ISG 电机,都只是实现了弱混或者轻混,原则上讲相应车型不属于真正意义上的新能源汽车,且故障率高,维修费用昂贵。电机只具备能量回收与启动发动机的作用,不具备纯电单独行驶功能,因此节油效果不明显,即便能节油,那么行驶 20 万千米省下的油钱也是微乎其微的,不足以抵上出现故障的一次维修费用。

二、奔驰 48V 轻混系统运行逻辑

混合动力系统配备了启停功能,可在等红绿灯、车辆停止等情况时主动关闭发动机,在起步的时候电动机会非常舒适的、以几乎不被察觉的方式启动发动机。由于发动机在首次点火的时候几乎立即启动,有助于提高燃油经济性并保护环境,也意味着起步阶段的排放量会降到最低。

车辆减速的时候,电动机作为高压发电机工作,通过"再生制动"过程回收制动能量,在此过程中,电机协调工作从而不间断地支持发动机和传统制动器之间的制动效果。回收的能量储存在高性能的动力电池中,以备需要时使用。

如图 27-8 所示,奔驰 48V 轻混系统主要由 BSG 或 ISG 电机、电机控制器(逆变器)、48V 锂电池与 DC/DC 集成的动力单元等其他大功率用电器构成。

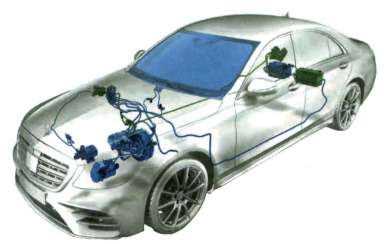

图 27-8 奔驰 48V 轻混系统的结构

12V 发电机在发动机启动的时候发电,为 12V 铅酸蓄电池充电。

ISG 电机有 4 种工作模式,不同的工况下在起动机与发电机之间来回切换。

电机控制(逆变器)用于控制 ISG 电机,在发电模式下它处于整流器状态,将 ISG 电机发出的三相交流电转换为 48V 直流电给 48V 锂离子电池充电。在电动机模式下电机控制器(逆变器)将会控制 ISG 电机工作。48V 锂电池是 48V 电网的储能装置。

DC/DC 为双向模式,在发动机熄火状态下,由 DC/DC 将 48V 电压转换为 12V 电压为 12V 铅酸蓄电池充电。在 48V 锂离子电池亏电时,双向 DC/DC 可以将 12V 铅酸蓄电池升压,为 48V 锂离子电池充电。

12V 铅酸蓄电池为 12V 车载电网储能电池。

如图 27-9 所示为奔驰 48V 混动系统各个部件之间的逻辑关系。车型 222 中 48V 车载电气系统的部件位置如图 27-10 所示。奔驰 BSG 电机如图 27-11 所示,奔驰 ISG 电机如图 27-12 所示。下面以四种 ISG 电机工作模式介绍奔驰 48V 轻混系统的工作逻辑。

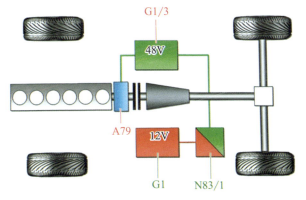

图 27-9 奔驰 48V 混动系统各个部件之间的逻辑关系

A79—ISG 电机；G1—12V 铅酸蓄电池；G1/3—48V 锂离子电池；N83/1—DC/DC

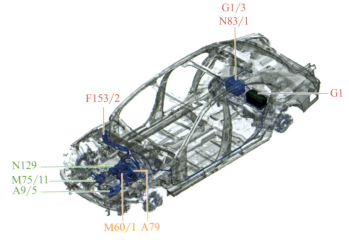

图 27-10 车型 222 中 48V 车载电气系统的部件位置

A9/5—电动压缩机；M60/1—电动真空泵；A79—ISG 电机；M75/11—电动水泵；F153/2—48V 熔断器；N83/1—DC/DC；G1—12V 铅酸蓄电池；G1/3—48V 锂离子电池；N129—电机控制器

图 27-11 奔驰 BSG 电机

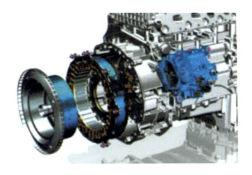

图 27-12 奔驰 ISG 电机

（1）起动机模式　在启动工况的时候，逆变器将来自48V锂离子电池的高压直流电转换成高压交流电给电动机供电，电动机带着发动机启动。

（2）加速助力模式　起步或者加速工况时也是由逆变器将48V高压直流电转换为三相交流电来为电机供电，使电机运转，以协助发动机驱动车辆，提高车辆的加速体验。

（3）动能回收模式　在能量回收阶段，ISG电机处于电动机模式，输出的是三相交流电，再由逆变器整流为48V电池充电。

（4）发电机模式　在车辆匀速行驶的时候，ISG电机处于发电机模式，输出三相交流电，经逆变器整流后给48V锂离子电池充电。发动机启动后由发电机发电，为12V铅酸蓄电池供电，在发动机熄火后由DC/DC将48V高压电转换为12V直流电为12V铅酸蓄电池充电。

奔驰48V轻混电机为交流同步电机，安装在内燃机与变速箱之间，具有启动和高压发电机的作用，该电机也被称为起动机-发电机。

电动机在系统中也充当减振元件的作用，以降低行驶/扭转的振动。根据工作模式，电动机可以沿曲轴旋转方向施加扭矩，以启动发动机。或者由曲轴提供扭矩来发电，为高压电池充电。在起步过程中电动机为车辆提供扭力，以协助发动机为车辆提供动力。在制动过程中，部分制动能被电动机转化为电能，为高压电池充电。

在各种模式下（电动机模式、发电机模式）的来回切换由电力电子控制单元（逆变器）进行控制。电力电子单元通过三条母线（U/V/W）与电动机的绕组连接。三相电流根据工作模式和转子的位置进行调节。这些电流在流过三相绕组的时候会产生一个磁场，并与转子磁场一起产生一个转动所需要的扭矩。

调节电机电流的时候需要用到电机当前的转子位置的相关信息，为此即便是电机静止的时候，转子位置传感器也会提供信号，并将其传递给电力电子装置控制单元，以计算电机转子角度和转速。

在电机转子中集成安装有温度传感器，该传感器是一个负温度热敏电阻，它可以将温度信号转变为电信号传递给电力电子控制单元，如果电机温度超出特定阈值，电力电子控制单元就会限制电机的功率以防止电机过热。

为了确保车辆在任何时候都能提供制冷需求，在混合动力汽车上必须使用电动压缩机将压缩机的动力与发动机分开，以便对车厢内单独进行恒温控制，同时对高压蓄电池进行冷却。

如图27-13所示，电动压缩机与燃油车型压缩机的本质区别是动力源不一样，电动压缩机的动力源是来自压缩机内部的电动机。电动压缩机在运行时吸入制冷剂并对其进行压缩，然后将制冷剂泵入整个系统中。根据蒸发箱的温度，自动空调控制单元将控制电动机的转速在800~9000r/min并进行无级调节。

在混合动力汽车上没有安装12V发电机，因此12V低压电网的电源是由DC/DC提供的。如图27-14所示，DC/DC将48V锂离子电池的电能转换成12V电压为12V电网提供电能，并为12V铅酸蓄电池充电，并且可以在12V电压与48V高压之间进行双向转换。

图 27-13　48V 电动压缩机

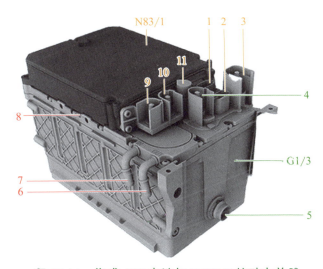

图 27-14　集成 48V 电池与 DC/DC 的动力单元

1—DC/DC 低压插头；2—48V 电池低压插头；3—48V 正极；4—48V 接地；5—排气口；6，7—排气管；8—导热硅胶；9—DC/DC 12V 接口；10—DC/DC 12V 接地；11—DC/DC 内部接口

　　DC/DC 模块与电力电子控制单元共用一个低温冷却系统，该冷却系统与内燃机的冷却系统是分开的，该低温冷却系统可以有效防止电力电子控制单元与 DC/DC 转换器出现过热导致损坏。奔驰 48V 锂离子电池安装在 DC/DC 转换器下面，可有效保护高压电池免受外部热辐射，并确保物理稳定性。蓄电池内部包含高压电池、电池管理系统（BMS）控制单元和保护开关。制冷剂管路和电线（高压/低压），电池内部电芯

为锂离子电池

BSG 电机控制器集成在 BSG 末端。ISG 电机控制器独立安装在发动机侧，如图 27-15 所示，该控制单元能为电机提供三相交流电来驱动电机旋转，在发电机模式下可以将电机发出的三相交流电转变为 48V 直流电为高压蓄电池充电。

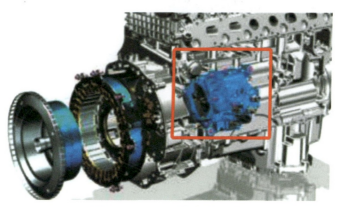

图 27-15　ISG 电机控制器

第二十八课时
比亚迪 DM 混合动力技术

> **重点知识**
> 1. 比亚迪 DM 混合动力技术发展历程。
> 2. 比亚迪唐 DM 混合动力各种模式下动力传递路径。

比亚迪混合动力技术自比亚迪 F3DM 量产后至今已经有四代产品，目前市场上第二代混合动力技术与第三代混合动力技术保有量最大，MDi 混合动力技术为比亚迪第四代混合动力技术。

一、比亚迪第一代混合动力技术

如图 28-1 所示，比亚迪第一代混合动力技术的设计理念以节能为技术向导，通过双电机和单速减速器结构搭配 1.0L 自然吸气发动机（图 28-2），可实现纯电模式、串联模式、并联模式、动能回收四种驱动模式。

比亚迪第一代混合动力系统中安装两个电机，P1 电机与发动机曲轴直接耦合，P3 电机位于变速器后方。在不同模式下发动机、P1 电机、P3 电机相互配合来驱动车辆并完成对动力电池的充电。

其中 P1 电机在官方维修手册中又称为 M1 电机，P3 电机在官方维修手册中又称为 M2 电机。动力电池由 100 块磷酸铁钴锂电池串联构成，支持外接充电设备为电池充电。

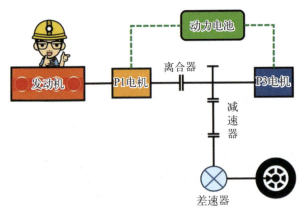

图 28-1　比亚迪第一代混合动力结构

图 28-2　比亚迪 F3DM 机舱布局

如图 28-3 所示，在纯电模式下，发动机不启动、离合器分离、仅仅由 P3 电机驱动车辆行驶。一般车辆在中低速行驶时可以使用纯电模式，如果电量充足的话，也可以使用纯电模式高速行驶一段时间。

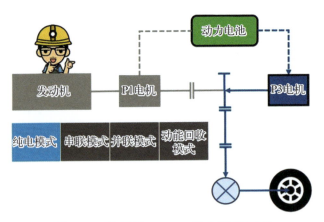

图 28-3　比亚迪 F3 DM 纯电模式示意

如图 28-4 所示，在串联模式下（增程模式）发动机启动，发动机与 P1 电机直接耦合。发动机带着 P1 电机发电，发出的电经电机控制器为动力电池充电，此时车辆仍由 P3 电机驱动。

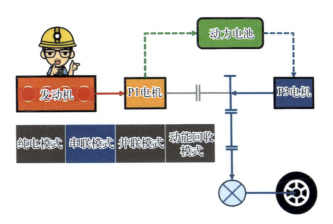

图 28-4　比亚迪 F3 DM 串联模式示意

如图 28-5 所示，在并联模式下，发动机启动、离合器结合，发动机通过离合器直接将动力传递给车轮，并且 P3 电机也工作，将动力传递给车轮，此时车辆由发动机与 P3 电机共同驱动。

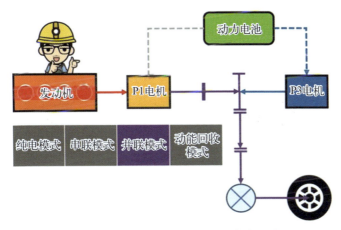

图 28-5　比亚迪 F3 DM 并联模式示意

如图 28-6 所示，在动能回收模式下，离合器断开，P3 电机与车辆直接耦合，将来自车轮的动能转换为电能并为动力电池充电。

此外，车辆还设置了巡航直驱模式和巡航发电模式，在巡航直驱模式下离合器结合、发动机直接驱动车辆，此时 P1 电机与 P3 电机全部停止工作；在巡航发电模式下离合器结合，发动机除了驱动车辆以外还会带着 P1 电机发电，为动力电池充电。

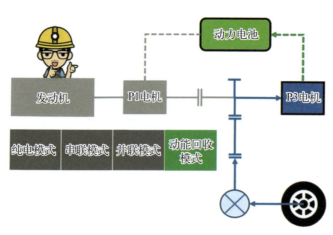

图 28-6　比亚迪 F3 DM 动能回收模式示意

二、比亚迪第二代混合动力技术

第一代混合动力技术主要的理念是节能，在动力性能上是不理想的，因此 2013 年发布的第二代混合动力系统则主打的是动力性能。DM2 混合动力系统搭载的是一台 1.5T 缸内直喷发动机（最大功率 113kW），P3 电机峰值功率 110kW，采用 6 速干湿双离合变速箱。在四驱车型上增加了 P4 电机，即比亚迪宣传的三擎四驱系统。

比亚迪唐 2015 年款混合动力车型配备的就是比亚迪的第二代混合动力技术，如图 28-7 所示。比亚迪唐 2015 年款配备的是三擎四驱系统。如图 28-8 所示，基于 DM2 系统构架下可以实现四种驱动模式。

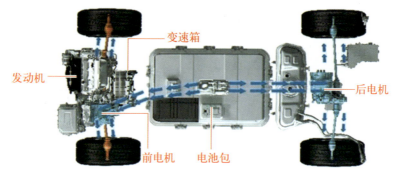

图 28-7　比亚迪第二代混合动力系统结构

（1）纯电模式　在纯电模式下，发动机不工作，由电池提供电能给 P3 电机和 P4 电机驱动车辆。

（2）混动模式　混动模式可以由手动切换，也可以由系统根据电量和 SOC 设置，会动态地在以下工况下进行切换。

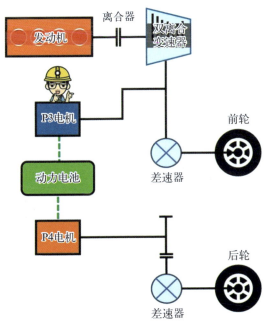

图 28-8 比亚迪第二代混合动力技术示意

❶ 行驶发电：此时发动机工作、离合器结合。发动机直接驱动前轮并带动 P3 电机发电。P4 电机根据工况调整输出功率，使整车处于全时四驱状态，并把多余的电量储存在电池中。

❷ 行驶不发电：发动机工作、离合器结合，发动机通过变速箱直接驱动前轮。P3 和 P4 电机根据工况积极输出动力，根据车况调整输出功率，使整车无比接近全时四驱的适时四驱状态。

❸ 驻车发电：发动机工作、离合器结合，发动机通过变速箱内部的发电挡驱动 P3 电机发电，驻车发电模式属于应急模式，整个系统没有最佳工作状态，油耗高。

❹ 增程模式：DM2 系统的隐藏模式，进入条件极其苛刻（电量下降到 5%，车速低于 15km/h 并保持 5s 时触发且车速不能超过 20km/h），发动机通过变速箱发电挡驱动 P3 电机发电，使电机驱动车辆，多余电量储存到动力电池中。此模式中前轮不参与驱动，并因为整个系统并没有让发动机、P3 电机工作在最佳工况下，所以会导致油耗很高，但是因为纯电驱动行驶，质感倒还不错。

三、比亚迪第三代混合动力技术

如图 28-9 所示，比亚迪第三代混合动力技术与第二代混合动力技术基本一致，第三代混合动力技术于 2018 年在全新唐车型上发布。比亚迪第三代混合动力技术与第二代混合动力技术最大的区别是在发动机前端增加了一个 BSG 电机，最大功率可达

25kW，该 BSG 电机的主要作用为启动发动机与动能回收和发电功能。

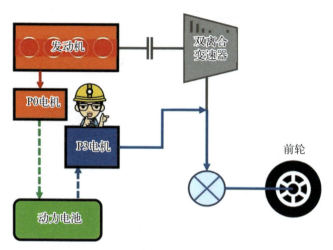

图 28-9　比亚迪第三代混合动力技术示意

第二十九课时
比亚迪唐 DM 动力系统故障诊断

重点知识

1. 比亚迪唐 DM 变速箱内部结构与动力传递路径。
2. 比亚迪唐 DM 变速箱数据流分析。

一、比亚迪唐 DM 变速箱结构原理与故障诊断

混合动力汽车在故障诊断维修的时候，高压电气部分基本遵循纯电动系统维修方法，发动机部分与传统燃油车基本一致，维修难点主要集中在变速箱与混合动力控制逻辑上。以下以比亚迪唐 DM 为例，介绍自动变速器的原理与故障诊断。比亚迪唐 DM 机舱布局如图 29-1 所示。

图 29-1　比亚迪唐 DM 机舱布局

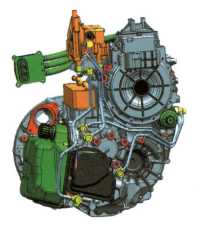

如图 29-2 所示，比亚迪唐 DM 使用的是一台混合动力专用的湿式双离合变速器，该变速器可以在纯电模式、燃油模式和混合模式之间自由切换，该变速器的技术参数见表 29-1。

比亚迪唐 DM 变速器从外观上可以看到的部件如图 29-3 与图 29-4 所示，湿式双离合器与发动机直接耦合，将发动机的动力传递至变速器。变速箱内部各挡位由电液模块控制实现，在图 29-3 中可以看到电液模块安装位置与外壳组件。

图 29-2 比亚迪 DM 湿式双离合变速器

表 29-1 比亚迪 DM 变速器的技术参数

名称	混合动力湿式双离合变速器
代码	BYD6HDT45
质量	149kg
最大扭矩	450N·m
最大功率	191kW
驱动方式	纯电模式、燃油模式、混合模式
离合器	两组多片湿式双离合器
挡位	6个前进挡、1个倒挡、电动挡
操作模式	手自一体变速器
初装油量	8.5L
技术特点	混合动力、电动挡、驻车发电、反拖启动

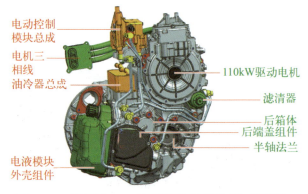

图 29-3 比亚迪 DM 变速箱各部件位置（后端）

变速箱在执行挡位控制的时候离不开液压油的推动,在传统的变速箱上变速箱内部的油泵是由输入轴直接驱动的,在混合动力车型上因为发动机不是一直处于工作状态,因此在其上配备了一个电动油泵,图29-3中的电动控制模块总成就是电动油泵。

在变速箱内部安装一个110kW电动机,电动机的三相绕组线束与前驱电机控制器连接,如图29-5和图29-6所示。

在图29-7中表达的是比亚迪唐DM自动变速器内部油路示意,可以看出在变速器上有两个油泵,一个机械油泵由曲轴直接驱动,一个电动油泵由电动油泵控制单元驱动。在发动机运行的时候由发动机曲轴直接驱动机械油泵工作,在发动机熄火的时候由电动油泵为系统提供油压。两个油泵并联为自动变速器提供驱动油压以及起到润滑作用。该变速器润滑油保养周期为60000km。

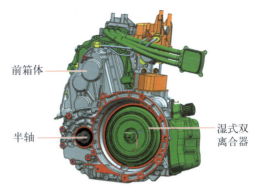

图 29-4 比亚迪唐 DM 变速器各部件位置（前端）

图 29-5 比亚迪 DM 变速箱油管

图 29-6 比亚迪 DM 变速箱油管

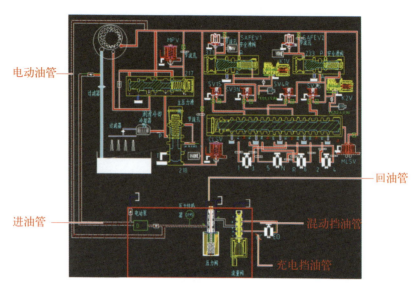

图 29-7 比亚迪唐 DM 自动变速器油路示意

如图 29-8 和图 29-9 所示,比亚迪唐 DM 变速器内部的机械油泵是一台具有月牙形油腔的油泵,其最大供油量为 100L/min,主油压为 20bar(1bar=10^5Pa)。

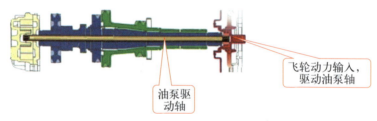

图 29-8 比亚迪唐 DM 变速器机械油泵

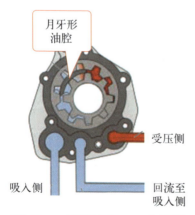

图 29-9 比亚迪唐 DM 变速器内部机械油泵原理

油泵主要给离合器供给动力液压油、闭合器冷却油、液压换挡油以及齿轮的润滑。

油泵安装在图 29-3 中后端盖组件内部。在安装油泵的时候需要注意油泵驱动轴上卡环的安装位置。如图 29-10 所示,油泵驱动轴卡环位置是朝向发动机侧的。

外置电动油泵是辅助机械油泵为自动变速器提供油压的,有了外置电动油泵的参与可以使自动变速器实现反拖功能,并实现驻车充电挡位和纯电动挡位。电动油泵构造如图 29-11 所示。

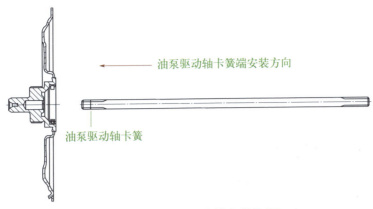

图 29-10 油泵驱动轴安装位置

图 29-11 电动油泵构造

外置电动油泵上有一个充电压力传感器，用于检测油泵压力。充电压力传感器针脚定义如图 29-12 所示，充电压力传感器电路如图 29-13 所示。

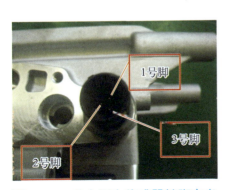

图 29-12 充电压力传感器针脚定义

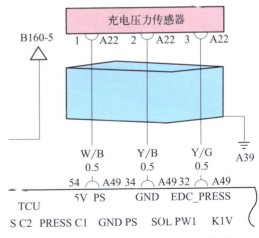

图 29-13 充电压力传感器电路

由图 29-13 可知，传感器压力传感器的 1 号脚为 5V 电源，2 号脚为接地，3 号脚为信号线。

如图 29-14 所示，低压插接件连接变速箱内部的是两个电磁阀，在电动油泵启动后由电动油泵控制单元控制其工作。SVECD 代表的是充电驱动控制阀（开关阀），SVP 代表的是充电控制压力阀，SOLPW 代表的是两个电磁阀的公共电源，如图 29-15 所示。

图 29-14　低压插接件　　　　　图 29-15　低压插接件定义

如图 29-16 所示，使用万用表欧姆挡测量电磁阀电阻值，约为 4Ω，如果误差过大，应更换电磁阀。

图 29-16　电磁阀测量

如图 29-17 所示，电动油泵由安装在左侧纵梁上的油泵控制单元（图 29-18）来驱动，电动油泵控制单元根据变速箱控制单元的指令来驱动油泵工作，油泵是一个三相电机。

电动油泵电路如图 29-19 所示。如图 29-20 所示，自动变速箱内部共有八根轴，其中主轴为同心轴，与湿式双离合连接。主轴与副轴一和副轴二配合工作，将来自发动机的扭矩通过六个前进挡和一个倒挡输出给差速器并传递给车轮。在驻车充电模式下，也由主轴将来自发动机的扭矩通过副轴与充电中间轴再通过减速机构传递给发电机进行发电。

图 29-17 电动油泵控制单元安装位置　　图 29-18 电动油泵控制单元

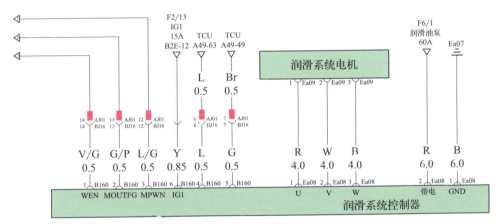

图 29-19 电动油泵电路

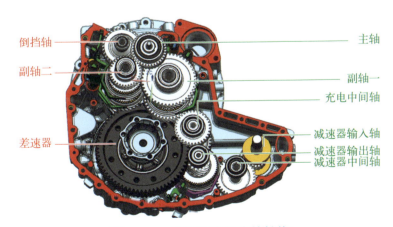

图 29-20 变速箱内部齿轮结构

下面来看下各个挡位下，动力是如何传递的，如图 29-21～图 29-29 所示。

K1离合器
⇩
主轴一
⇩
副轴一
⇩
差速器

图 29-21　一挡动力传递

K2离合器
⇩
主轴二
⇩
副轴一
⇩
差速器

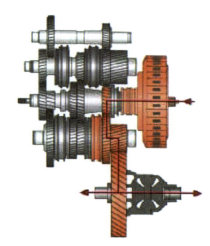

图 29-22　二挡动力传递

K1离合器
⇩
主轴一
⇩
副轴一
⇩
差速器

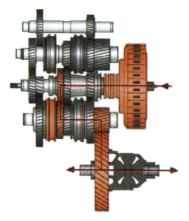

图 29-23　三挡动力传递

K2离合器
⇩
主轴二
⇩
副轴一
⇩
差速器

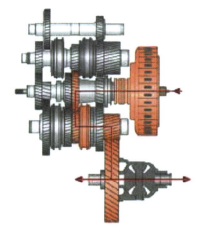

图 29-24　四挡动力传递

K1离合器
⇩
主轴一
⇩
副轴二
⇩
差速器

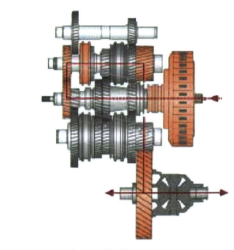

图 29-25　五挡动力传递

K2离合器
⇩
主轴二
⇩
副轴二
⇩
差速器

六挡和四挡共用一个主动齿轮

图 29-26　六挡动力传递

K1离合器
⇩
主轴一
⇩
副轴二
⇩
差速器

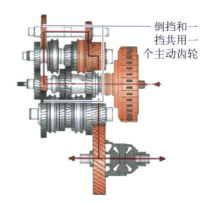

图 29-27　R 挡动力传递

驱动电机
⇩
减速器输入轴
⇩
减速器中间轴
⇩
减速器输出轴
⇩
差速器

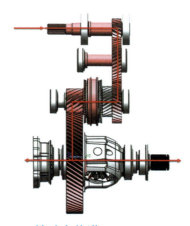

图 29-28　EV 挡动力传递

K2离合器
⇩
主轴二
⇩
副轴一
⇩
充电中间轴
⇩
减速器输出轴
⇩
减速器中间轴
⇩
减速器输入轴
⇩
驱动电机

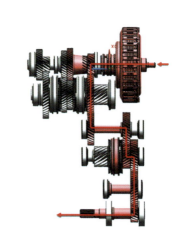

图 29-29　驻车充电挡动力传递

二、比亚迪唐 DM 自动变速器数据流分析

当自动变速器出现故障的时候，可以通过变速器数据流分析故障方向，并通过拆解检查最终确定故障点。自动变速器数据流主要包括：发动机转速、输入轴转速、离合器实际压力、促动器位置等。

如图 29-30 所示，离合器实际压力一般为 300 ～ 2800kPa，当离合器处于分离状态的时候，离合器实际压力一般为 300 ～ 500kPa；当离合器处于结合状态的时候，离合器压力一般在 800kPa 以上。

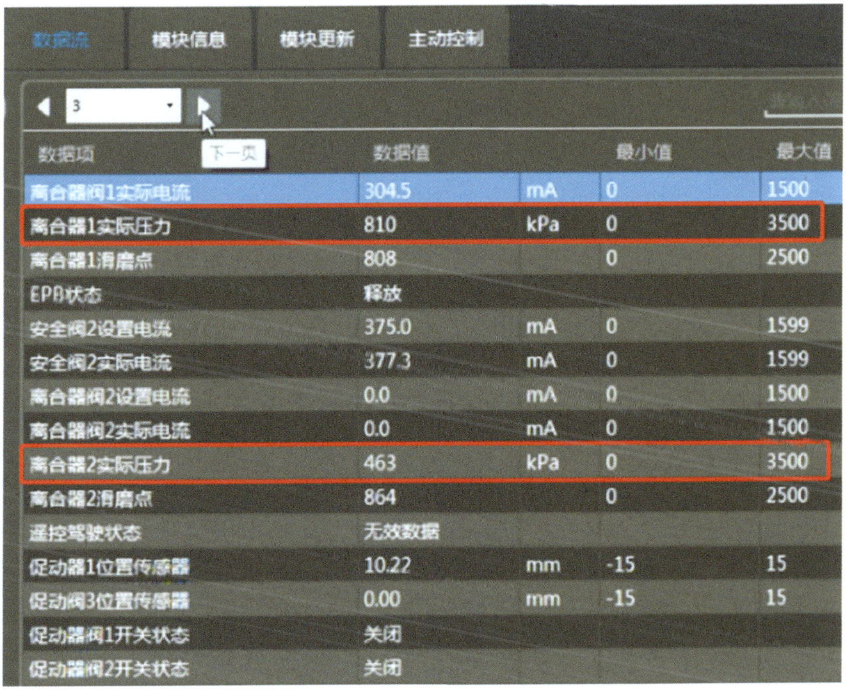

数据项	数据值		最小值	最大值
离合器阀1实际电流	304.5	mA	0	1500
离合器1实际压力	810	kPa	0	3500
离合器1滑磨点	808		0	2500
EPB状态	释放			
安全阀2设置电流	375.0	mA	0	1599
安全阀2实际电流	377.3	mA	0	1599
离合器阀2设置电流	0.0	mA	0	1500
离合器阀2实际电流	0.0	mA	0	1500
离合器2实际压力	463	kPa	0	3500
离合器2滑磨点	864		0	2500
遥控驾驶状态	无效数据			
促动器1位置传感器	10.22	mm	-15	15
促动阀3位置传感器	0.00	mm	-15	15
促动器阀1开关状态	关闭			
促动器阀2开关状态	关闭			

图 29-30　离合器压力数据流

如果出现离合器结合的时候压力高于 2800kPa，且踩下制动踏板的时候发动机转速飙升、车速提升缓慢，则说明离合器打滑，需要通过更换离合器解决。

如果出现离合器压力低于 300kPa，一般会出现行驶过程中突然熄火或者无动力输出。可先检查变速器油位是否正常，如果变速器油位正常，则需要拆解变速箱检查故障点。

如图 29-31 所示，离合器滑磨点数据一般为 600 ～ 1000kPa，随着车辆的使用情况会发生变化。离合器滑磨点过小会导致车辆起步冲击或者换挡顿挫；如果离合器滑磨点过大，会导致车辆起步迟钝或者升挡顿挫，当发生离合器滑磨点过大过小的情况，可在热车后进行离合器自适应学习，如果仍然无法解决故障，则需要更换

离合器。

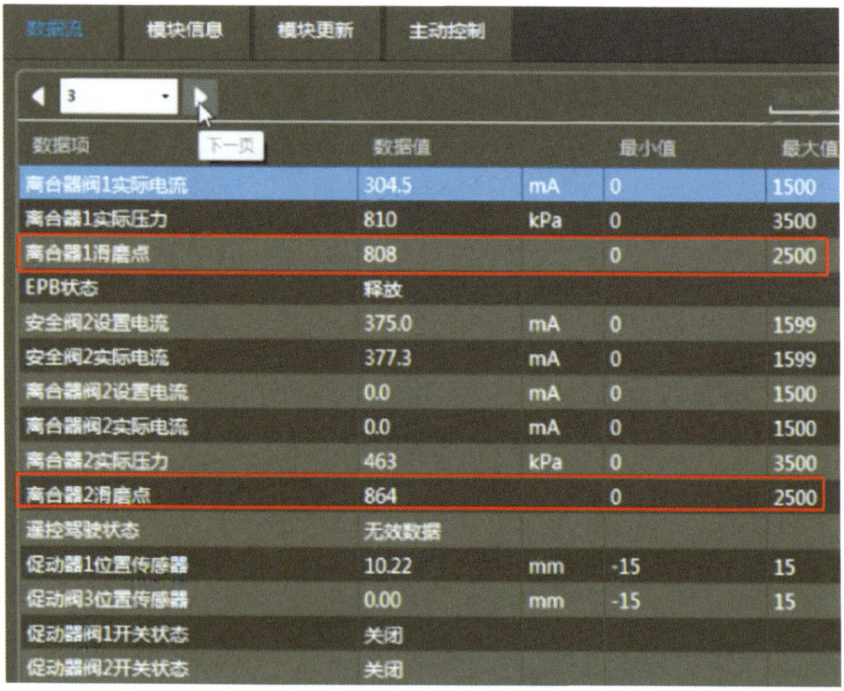

数据项	数据值		最小值	最大值
离合器阀1实际电流	304.5	mA	0	1500
离合器1实际压力	810	kPa	0	3500
离合器1滑磨点	808		0	2500
EPB状态	释放			
安全阀2设置电流	375.0	mA	0	1599
安全阀2实际电流	377.3	mA	0	1599
离合器阀2设置电流	0.0	mA	0	1500
离合器阀2实际电流	0.0	mA	0	1500
离合器2实际压力	463	kPa	0	3500
离合器2滑磨点	864		0	2500
遥控驾驶状态	无效数据			
促动器1位置传感器	10.22	mm	-15	15
促动阀3位置传感器	0.00	mm	-15	15
促动器阀1开关状态	关闭			
促动器阀2开关状态	关闭			

图 29-31　离合器滑磨点

如图 29-32 所示，促动器中位即挡位拨叉中位，促动器 1 为 1/3 挡拨叉，促动器 2 为 2/4 挡拨叉，促动器 3 为 5 挡拨叉，促动器 4 为 6/R 挡拨叉，促动器 5 为 EV 与驻车充电挡拨叉，由于每一个促动器都控制两个挡位（促动器 3 除外），因此任意一个促动器处于中间位置则为 N 挡。

促动器中位正常值范围如下（单位：r/min）：

促动器 1：1170 ～ 1330。

促动器 2：1160 ～ 1320。

促动器 3：1130 ～ 1290。

促动器 4：1120 ～ 1280。

促动器 5：1100 左右。

若数据流显示中位值不在对应范围内，会出现挂挡打齿、异响或者某个挡挂不到位等故障。出现该故障的时候可以先检查电液模块和 TCU 模块的针脚是否插好，若无异常则需要更换电液模块，若更换电液模块后仍无法解决，则需要更换变速箱总成。

如图 29-33 所示，每个促动器都有一个位置传感器，用于感应促动器位置，正常情况下每个促动器位置都在 ±11 之间，超过 ±11 就会报错并出现故障。

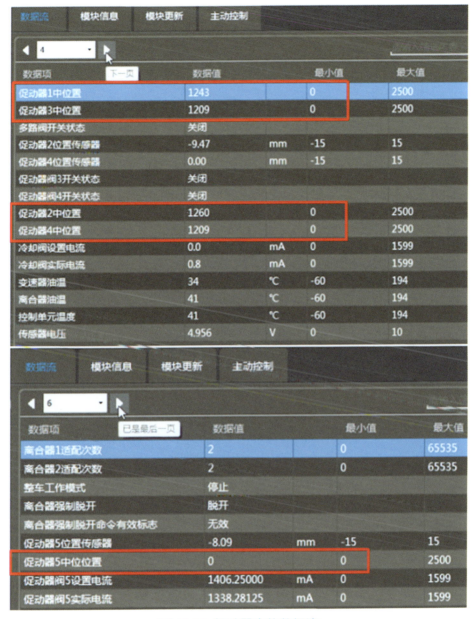

图 29-32 促动器中位数据流

促动器位置在 1/4/5/6/ 充电挡时，促动器位置都为正数；在 2/3/R/EV 挡时，促动器位置都为负数，空挡则为 0。

如图 29-33 所示：促动器 1 为 10.22 则说明已经挂入 1 挡；促动器 2 为 -9.47 则说明 2 挡已经挂入；其他促动器位置均为 0 则说明其他挡位均在空挡。

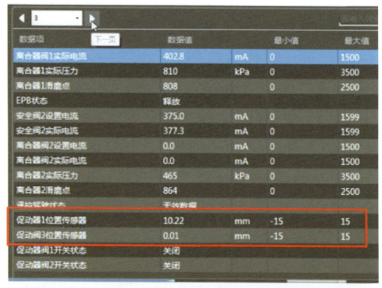

图 29-33 促动器位置数据流

第三十课时
丰田双擎混动系统

重点知识

1. ECVT 工作原理与各种工况下动力传递路径。
2. 丰田双擎高压部件连接关系。

一、ECVT 结构与各种工况下动力传递路径

如图 30-1 所示,丰田混合动力技术的核心就是 ECVT 变速器,它结合了汽油发动机和电机两种动力,通过串联或者并联的方法使汽油机始终工作在最佳工况,以达到节能减排的目的。另外,车辆配备了大功率动力电池,电池类型为镍氢电池,简称 HV 蓄电池,额定电压为 201.6V。

丰田 ECVT 变速箱与发动机之间使用的是类似于离合器的驱动桥减振器与发动机直接连接,该驱动桥减振器没有离合器的作用,只是起到减振作用,如图 30-2 所示。

图 30-1　丰田双擎 ECVT

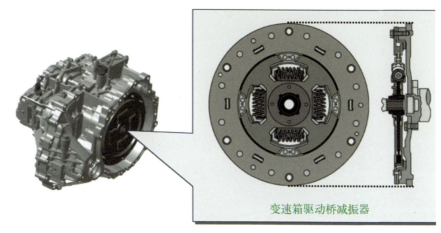

图 30-2 变速器驱动桥减振器

如图 30-3 所示,丰田双擎 P410 变速器内部主要由:MG1 电机、MG2 电机、行星齿轮组 1、行星齿轮组 2、减速齿轮、差速器等构成。

图 30-3 丰田双擎 P410 变速器内部分解

丰田公司从 1997 年开始在日本本土推出 P110 型号混合动力变速器以来共计开发生产了 13 款混合动力变速器。P410 是在 2018 年推出的混合动力变速器,P410 是在 P314 混合动力变速器的基础上改进而来的。

这些变速器的基本工作原理基本一致。下面以 P410 变速器为例讲解丰田双擎在不同行驶工况下其内部是如何进行动力传递的。

如图 30-4 所示,丰田 P410 变速器内部有两个电机,分别为 MG1 和 MG2。MG1

电机在系统中主要功能为发电，将发动机的能量转化为电能，并且系统在工作中实时调整 MG1 的发电量，还可以实现对变速箱输出转速进行无级调速功能。同时 MG1 电机还具有启动发动机的作用；MG2 电机的主要作用是驱动车轮，并在制动时当作发电机使用，从而实现能量回收功能。

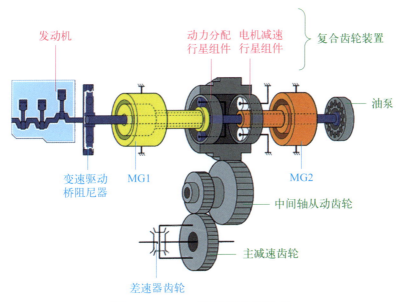

图 30-4　P410 变速器内部结构

系统通过对 MG1 电机、MG2 电机、发动机的配合控制可以实现不同工作模式，下面详细介绍每种工作模式下变速箱内部是如何进行能力传递的。

如图 30-5 所示，发动机通过变速箱驱动桥与行星架直接连接；MG2 电机与齿圈直接连接，并通过减速机构直接驱动车轮；MG1 电机与太阳轮连接。

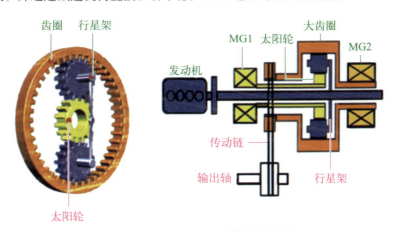

图 30-5　ECVT 变速器内部原理

1. 启动发动机工况（图30-6）

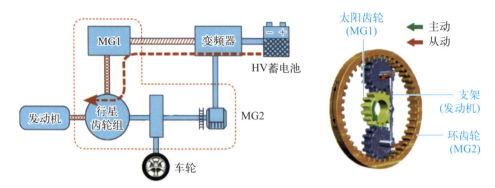

图30-6　启动发动机工况

当车轮处于 P 挡的时候，驾驶员按下启动按键，仪表"READY"指示灯点亮，HV ECU 检测水温、电池 SOC、蓄电池温度，当条件全部满足后可以启动发动机。

当启动发动机的条件全部满足后，变频器控制 MG1 电机顺时针旋转，MG1 电机带动太阳轮同向旋转。由于齿圈与车辆是硬性连接，此时车辆处于静止状态，变速器处于 P 挡，因此齿圈相当于固定状态。因此太阳轮只能带着行星架旋转，行星架与发动机曲轴连接，因此发动机被 MG1 电机带着旋转并最终启动发动机。

2. 原地发电模式（图30-7）

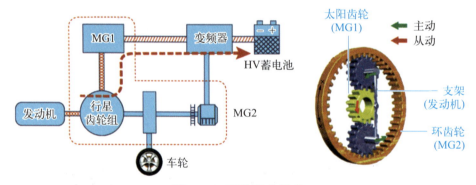

图30-7　原地发电模式

发动机被启动后，车辆处于静止状态。发动机带着行星架顺时针旋转，因为车辆处于静止状态，所以齿圈被固定。因此行星架只能带着太阳轮顺时针旋转，太阳轮连接着 MG1 电机，此时 MG1 处于发电状态，为 HV 电池充电。

3. 起步工况（图30-8）

在起步工况的时候，变频器驱动 MG2 电机顺时针旋转，由于 MG2 电机直接与车轮连接，因此车辆起步行驶。由于发动机是静止状态，所以行星架是固定的，因此在

MG2电机旋转的时候也会带着太阳轮逆时针旋转，太阳轮带着MG1电机逆时针旋转，此时MG1电机处于空转状态，不发电。

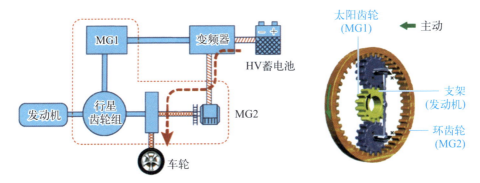

图30-8　起步工况

在这里MG2电机在驱动车辆的时候，MG1电机也会旋转，并且旋转速度高于MG2电机。由于MG2电机驱动车辆的时候就会出现限速，以防止MG1电机超速，所以在P410变速中对行星齿轮结构做了改变正是为了解决该问题。

4. 行驶工况中启动发动机（图30-9）

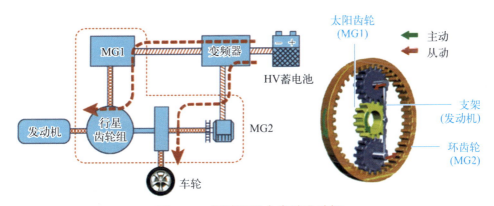

图30-9　行驶工况中启动发动机

当车速达到一定的时候，或者HV电池电量低于一定的时候就需要启动发动机。此时变频器给MG1电机施加一个顺时针扭矩（可以理解为固定太阳轮），当MG1电机施加顺时针扭矩后太阳轮便会跟随齿圈旋转，那么行星齿轮架便会跟随齿圈旋转，这样就可以启动发动机。

5. 混合动力模式（图30-10）

在混合动力模式下，发动机驱动行星架顺时针旋转，此时假设太阳轮固定，那么行星齿轮架就会带着齿圈顺时针旋转，由于齿圈与MG2电机连接并直接驱动车辆，因此这个状态下是发动机与MG2电机并联驱动车辆，且发动机转速直接作用于车辆，并没有变速作用。

但是太阳轮并不是固定的,太阳轮的转速有多快取决于MG1电机的发电量有多大,因为发电量越大,MG1电机阻力也就越大,那么太阳轮的转速就越慢(发动机传递到车辆的动力越大)。同理MG1电机发电量越小,那么太阳轮转速越高,那么发动机作用到车辆的动力就越小。

因此控制了MG1的发电量也就控制了发动机(行星齿轮架)与车辆(齿圈)之间的转速比,从而实现了无级变速,这也是ECVT名称的由来。

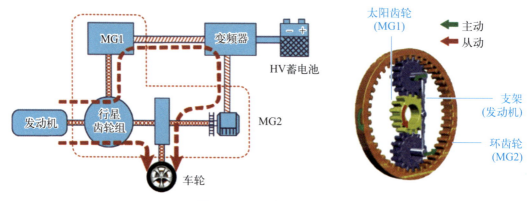

图30-10　混合动力模式

6.减速工况(图30-11)

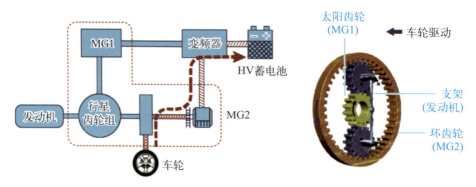

图30-11　减速工况

当车辆减速的时候,发动机停止运转,车辆带着齿圈旋转,齿圈带着MG2电机旋转并发电,此时车辆处于能量回收模式。

7.倒车工况(图30-12)

倒车时,仅MG2电机逆时针旋转带动车辆实现倒车,发动机处于熄火状态,MG1电机正转,但是并没有发电。

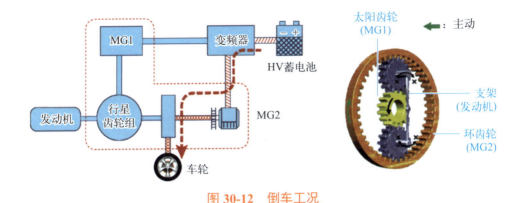

图 30-12　倒车工况

二、丰田双擎高压系统

丰田双擎高压部件如图 30-13 所示。

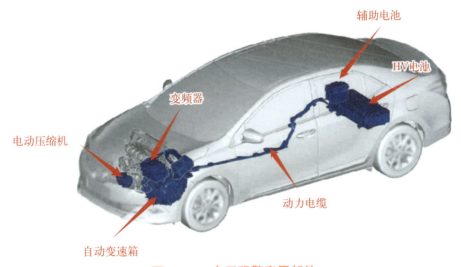

图 30-13　丰田双擎高压部件

1.HV 动力电池

如图 30-14 所示，丰田双擎使用的 HV 动力电池是密封性镍氢电池，在电池包内部，168 个镍氢电池（高配的 204 个）被分别安装在 6 个格子中，每个单体电压为 1.2V，因此电池包总电压为 201.6V。HV 电池外观如图 30-15 所示，电池包冷却方式为风冷（图 30-16）。

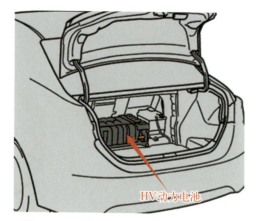

图 30-14　丰田双擎动力电池安装位置

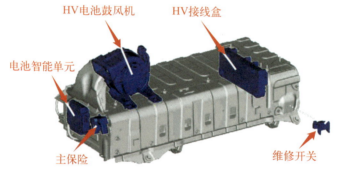

图 30-15　HV 电池外观

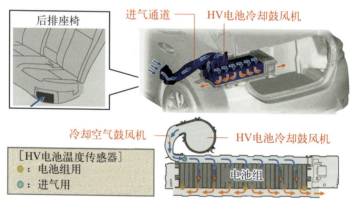

图 30-16　HV 电池风冷示意

电池在充电过程中会释放热量，因此在电池上设置了风冷装置，风冷装置的进风口在后排座椅左边，出风口在后备厢。当车辆遇到电池温度过高的时候，应及时检查进风口与出风口是否被堵塞，如果堵塞应及时清除异物。

如图 30-17 所示，在电池进风口处安装一个进气滤清器，当进气滤清器堵塞的时候仪表会出现警告信息（Maintenance Required for Hybrid Battery Cooling Parts at Your Deale），当出现该警告信息的时候，应及时检查电池冷却系统的进风口，如果无异常，应读取电池系统的数据流，分析后再维修。

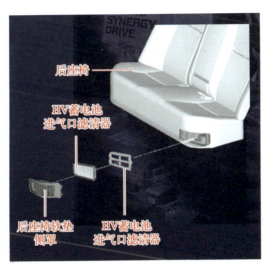

图 30-17　电池冷却进风口

如图 30-18 所示，在 HV 接线盒内部主要有接触器、电抗器（预冲电阻）、电流传感器。按原厂维修手册说明，HV 接线盒是不允许拆开维修的，只能更换总成。

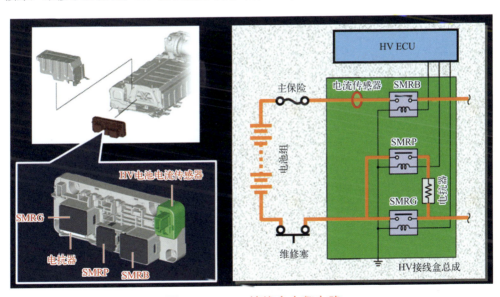

图 30-18　HV 接线盒内部电路

在车辆上电的时候，HVECU 先控制 SMRB 接触器闭合，再控制 SMRP 接触器闭合，当预冲电压合格后再闭合 SMRG 接触器，此时上电完成。

2. 变频器总成（图 30-19）

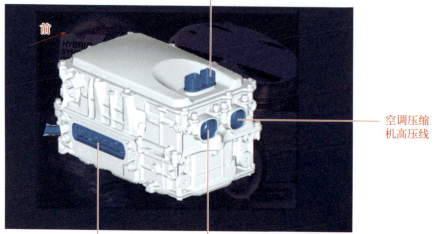

图 30-19　变频器总成

变频器总成安装在机舱左前方，使用独立的冷却系统。在充电模式下变频器可将 MG1 电机发出的电能转换为直流电，为高压电池充电。在驱动模式下变频器可将动力电池的 201.6V 电压升压至最大 650V 来驱动 MG2 电机。

变频器内部还包含 DC/DC 功能，可以将动力电池的高压直流电转换为低压直流电为辅助电池充电，且电动压缩机的供电也来自变频器内部。

变频器内部框架如图 30-20 所示，其内部电路框架如图 30-21 所示。

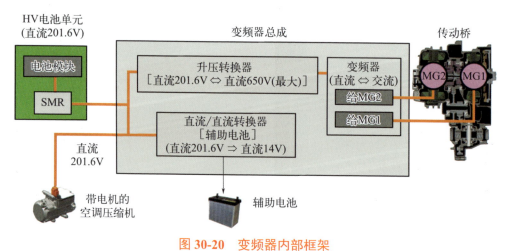

图 30-20　变频器内部框架

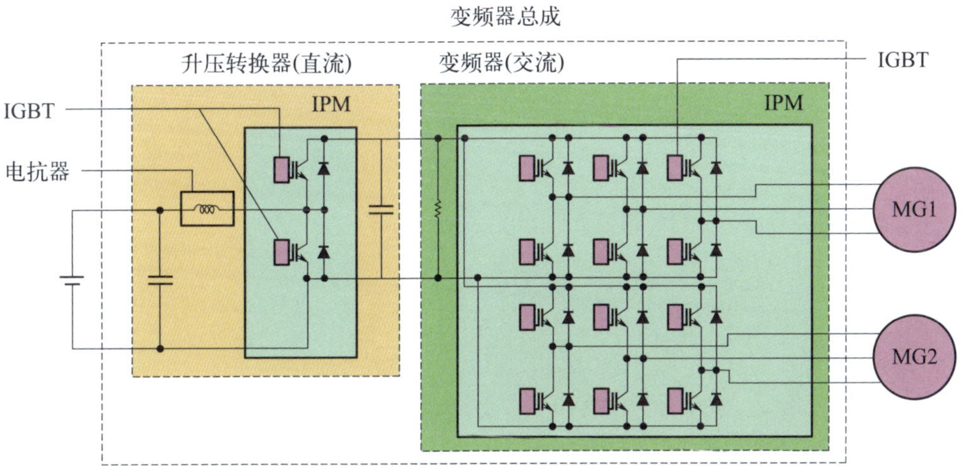

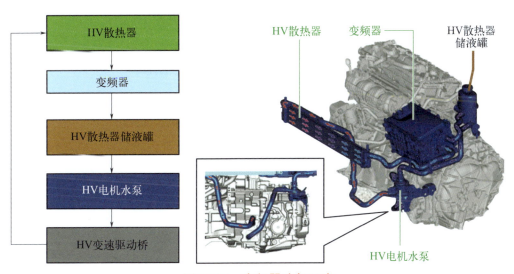

图 30-21 变频器内部电路框架

3. 变频器冷却液更换

变频器冷却示意如图 30-22 所示。冷却液排放口如图 30-23 所示。冷却液加注口如图 30-24 所示。混合动力系统冷却液更换加注方法如下。

图 30-22 变频器冷却示意

❶ 缓慢将冷却液加入储液罐，直到 FULL 线位置。
❷ 连接诊断设备。
❸ 打开点火开关至 ON。
❹ 进入以下菜单：动力总成 /HV 控制 / 主动测试 / 激活水泵。
❺ 使储液罐中的冷缺液一直保持在 FULL 线，以补偿放气时冷却液液位的下降。

每隔1min操作一次水泵。

图30-23　冷却液排放口

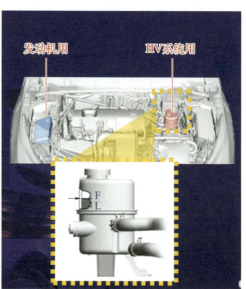

图30-24　冷却液加注口

附录
比亚迪海豚空调电路

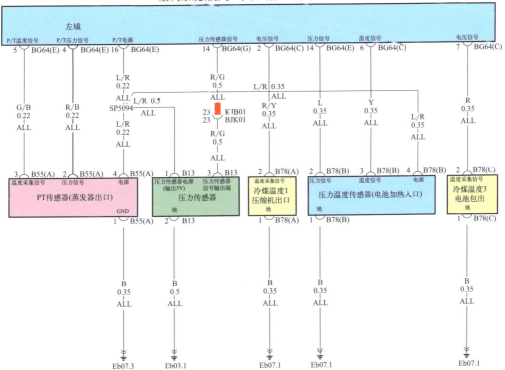

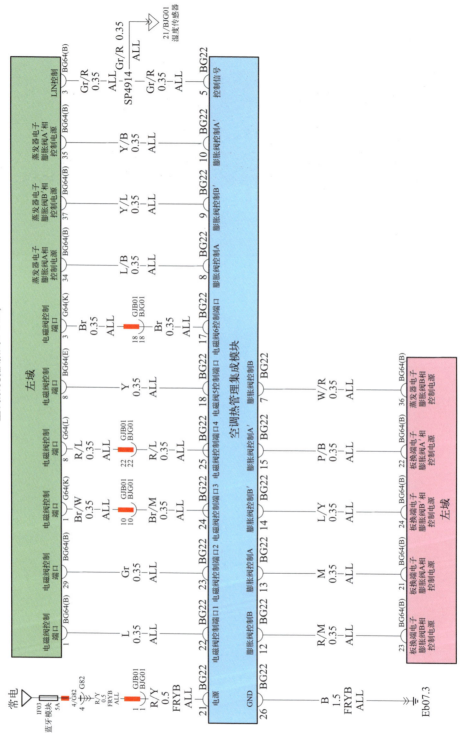

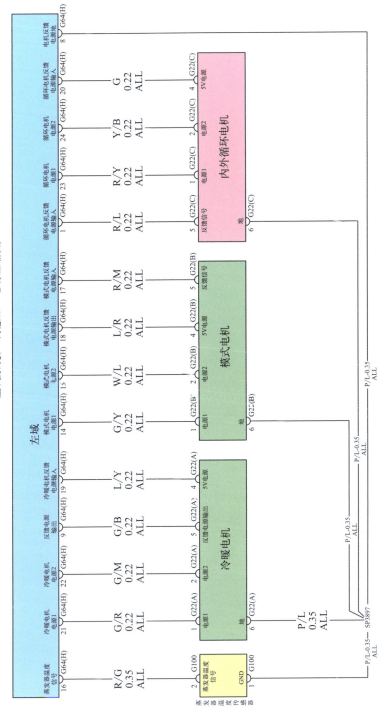

附录 比亚迪海豚空调电路

229

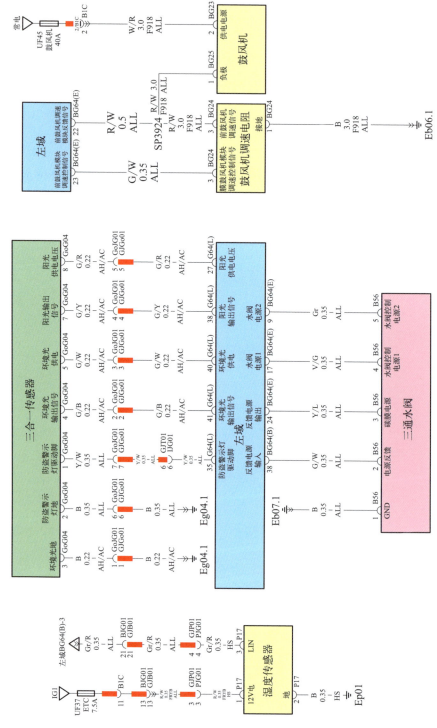

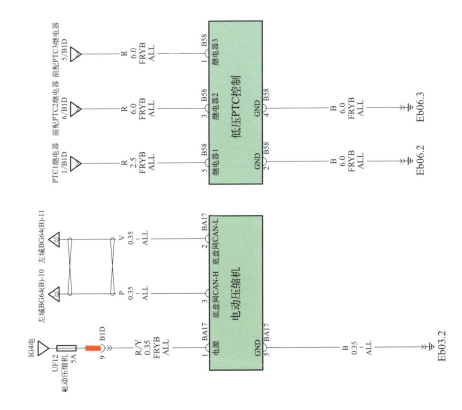
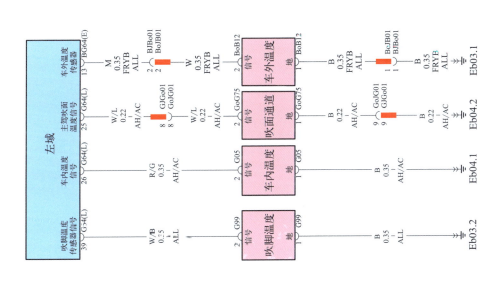